El Pensamiento Europeo y el Concepto de Celtíbero: 1821 - 1939

Oscar López Jiménez

BAR International Series 1160
2003

Published in 2019 by
BAR Publishing, Oxford

BAR International Series 1160

El Pensamiento Europeo y el Concepto de Celtíbero: 1821-1939

© Oscar López Jiménez and the Publisher 2003

The author's moral rights under the 1988 UK Copyright,
Designs and Patents Act are hereby expressly asserted.

All rights reserved. No part of this work may be copied, reproduced, stored,
sold, distributed, scanned, saved in any form of digital format or transmitted
in any form digitally, without the written permission of the Publisher.

ISBN 9781841713410 paperback
ISBN 9781407325651 e-book

DOI https://doi.org/10.30861/9781841713410

A catalogue record for this book is available from the British Library

This book is available at www.barpublishing.com

BAR Publishing is the trading name of British Archaeological Reports (Oxford) Ltd.
British Archaeological Reports was first incorporated in 1974 to publish the BAR
Series, International and British. In 1992 Hadrian Books Ltd became part of the BAR
group. This volume was originally published by John and Erica Hedges in conjunction
with British Archaeological Reports (Oxford) Ltd / Hadrian Books Ltd, the Series
principal publisher, in 2003. This present volume is published by BAR Publishing,
2019.

BAR titles are available from:

	BAR Publishing
	122 Banbury Rd, Oxford, OX2 7BP, UK
EMAIL	info@barpublishing.com
PHONE	+44 (0)1865 310431
FAX	+44 (0)1865 316916
	www.barpublishing.com

ÍNDICE

PRÓLOGO de Mª. Dolores Fernández-Posse — iii

AGRADECIMIENTOS — v

INTRODUCCIÓN — 1

CAPÍTULO I.- Europa en el siglo XIX.

I.1.- La situación social y política en Europa. — 5

I.2.- Contexto y concepto de la Historia.

   I.2.1.- Hegel y la Filosofía de la Historia. — 7

   I.2.2.- La Historia y sus autores. — 8

   I.2.3.- La tradición académica alemana. — 10

I.3.- La arqueología europea.

   I.3.1.- Los primeros arqueólogos modernos. — 11

   I.3.2.- Difusionismo y evolucionismo: Oscar Montelius — 14

   I.3.3.- El caso francés. — 18

   I.3.4.- El caso alemán. — 26

   I.3.5.- El caso inglés. — 30

CAPÍTULO II.- España.

II.1..- Contexto social e histórico.

   II.1.1.- Sociedad y política hasta comienzos del siglo XX. — 36

   II.1.2.- La academia española del Romanticismo al Regeneracionismo. — 40

II.2.- Los estudios sobre la Celtiberia hasta el siglo XIX.

   II.2.1.- Los precursores del celtiberismo del siglo XIX. — 42

   II.2.2.- La arqueología celtibérica española del siglo XIX. — 44

II.3.- Autores extranjeros. — 49

CAPÍTULO III.- La arqueología española hasta la Guerra Civil.

  III.1.- Las relaciones con Europa a través de la *Junta para la Ampliación de Estudios e Investigaciones Científicas* (JAE).   62

  III.2.- Las escuelas españolas de Arqueología.

    III.2.1.- La generación del tránsito.   65

    III.2.2.- El área catalana: Pedro Bosch Gimpera.   70

    III.2.3.- La escuela de Madrid.   75

IV.- CONCLUSIONES.   88

V.- ENGLISH SUMMARY.   96

VI.- BIBLIOGRAFÍA.   100

EL PENSAMIENTO EUROPEO Y EL CONCEPTO DE CELTÍBERO: 1821-1939.

PRÓLOGO.

Este libro trata de la construcción historiográfica del concepto de celtíbero, uno de los pueblos de la Meseta española citados por los textos antiguos en los siglos inmediatos a la presencia romana en la Península Ibérica. Y es precisamente uno de los conceptos más ambiguos y difíciles de la literatura arqueológica: ¿Son celtas en tierras de íberos o son justo lo contrario; son los celtas de Iberia de igual forma que los galos son los celtas de la Galia o son una mezcla étnica de iberos y celtas como proponían los viejos manuales escolares de Historia; se está hablando, al citarlos, de meras influencias culturales? Bosch Gimpera ya lo dijo en 1932 al afirmar que estos pueblos ofrecen uno de los problemas más importantes y difíciles de la etnología peninsular, pese a que en aquellos años se disponía ya de un buen volumen de registro arqueológico celtibérico. Era *importante* para aquellas dos hispanias lingüísticas, la íbera y la celta, dentro los planteamientos de raíz filológica con que se abordaba entonces el estudio de los pueblos prerromanos y era *difícil* por los ideales sociales y políticos que alimentaban esos planteamientos.

Siempre ha sido complicado proponer correspondencias entre los datos lingüísticos, los históricos y los arqueológicos; y cuanto más si detrás está el idealismo histórico. En los celtíberos esas complicaciones son todavía más marcadas. Ellos añaden a la complejidad propia de todos los procesos étnicos su inestabilidad y dinamismo, tal y como se reflejan en las fuentes históricas. Cada vez que los citan lo hacen con un contenido y significado diferente que, para colmo, siempre es impreciso. La razón está quizás en que, además de la ambivalencia propia de todos los términos étnicos que desaconseja cualquier traducción literal desde la arqueología, los celtíberos es una expresión exógena, ya que no fueron ellos quienes de esa forma se llamaron. Por el contrario, la identificación de varios grupos étnicos como celtíberos parece haberse producido en el curso las guerras de conquista cartaginesas y romanas; acaso porque, como decía Heine, los enemigos necesitan nombre. Otra de esas complicaciones es el esencialismo propio de la historiografía española en el paso del siglo XIX al XX, que traza una línea continua entre los pueblos del pasado y los del presente y gusta de gestas tan dramáticas como la de Numancia.

El autor de este ensayo coloca este problemático concepto de celtíberos en su marco más amplio, el pensamiento europeo, y delimita un periodo cuyo inicio sitúa en su gestación para dejarlo conformado y crecido en los años inmediatamente posteriores a la Guerra de España, aunque en alguna ocasión desborde cronológicamente los dos hitos evidentes del tema tratado: comienza en el paradigma filológico de las etnias prerromanas que fue la publicación de la obra de Humboldt y termina en el franquismo temprano en el que, tras algunos excesos panceltistas mal argumentados, se cae en un largo periodo de apatía normativista donde ese tipo de controversias sobre los pueblos con historia es evitada de forma consensuada por la mayoría de los arqueólogos.

El periodo elegido por Oscar López es, en todos los sentidos, una época decisiva en Europa. El desarrollo de la arqueología académica coincide con la emergencia de los nacionalismos, el romanticismo tardío, la "invención de la tradición" en el sentido que le da Hobsbawm, los imperialismos colonialistas, ..., y aquí, en España, es, además, una época turbulenta. Un siglo XIX inestable y con interesantes movimientos regeneracionistas en su paso al XX, donde los estudios sobre la Antigüedad han de cumplir un papel.

El ensayo sigue en orden cronológico todos esos avatares en dos líneas, la europea y la española, y atiende a todas las circunstancias y todas las investigaciones que van acumulándose en torno al concepto de lo celta, primero, de lo celtíbero, después. Pero hay otro hilo conductor más atractivo, los personajes, que dotan a este libro de una notable originalidad. En efecto, son las breves biografías contextuales -en el sentido de que se recogen trayectorias vitales e intelectuales- de todos y cada uno de los investigadores (una suerte de *who is who?*) que de una u otra forma construyeron o influyeron en la formación del concepto de celtíberos, lo que lo hace un volumen sugerente y práctico y abre numerosas perspectivas para futuras historias de la investigación. Son esos personajes, desde los insustituibles, como puede serlo d'Arbois de Jubainville, uno de los pocos europeos que atendió a los celtas peninsulares desde allí, hasta los más irrelevantes. También están los que lo hicieron desde aquí, como Schulten o las verdaderas figuras de las que no se puede prescindir, como Bosch Gimpera. Pero también se cuenta el como y el porqué de las investigaciones de arqueólogos que, sin gran trascendencia pública, trabajaron en un ámbito más local o restringido pero no con menor mérito. Basta citar el ejemplo de Blas Taracena. Ese desfile de personajes es completo porque el autor sabe que los celtas peninsulares fueron construidos, además de con conceptos importados, franceses y alemanes sobre todo, con imágenes. Con loable empeño holístico, da, de esta forma, entrada a intelectuales de disciplinas más generalistas o colaterales a la arqueología, al igual que a figuras claramente heterodoxas; así encontramos junto a Joaquín Costa, a Modesto Lafuente, a Narciso Sentenach o al Padre Fita. Igualmente nos informa de las instituciones donde todos esos personajes formaron su pensamiento.

Esta orientación historiográfica del ensayo cubre un vacío porque, pese al celtismo siempre presente en la investigación y a la curiosidad que los celtas provocan fuera del mundo académico, la historia de la investigación de la Edad del Hierro tardío, en general, y la de los celtíberos, en particular, no ha sido atendida hasta hace bien poco. Quizás porque son pueblos casi "históricos".

La narración de Oscar López tiene, sin embargo, una continuación no menos interesante. Es más, este libro forma parte de la historia más reciente en la que asistimos a una revitalización de los estudios célticos. Con talante animoso y resultados positivos se gesta esa renovación en los años ochenta y encuentra su formulación programática a inicios de los noventa en el Departamento de Prehistoria de la Universidad Complutense de Madrid. Allí, Ruiz Zapatero y Martín Almagro Gorbea van a investigar, debatir y publicar en compañía de numerosos investigadores hasta donde puede hablarse de celtas. En estos debates tiene un papel destacado Burillo que, desde la Universidad de Teruel, centrará las discusiones en varios y continuados simposia sobre celtíberos, pero también están presentes una larga lista de jóvenes investigadores de los que el autor de este libro es el ejemplo más reciente. Es decir, su formación académica se produce todavía en esos vitalistas años "célticos". Estas nuevas interpretaciones de lo celta, lo céltico y lo celtibérico tratan, además, de unir los discursos independientes que sobre el tema han mantenido en la universidad española los arqueólogos y los historiadores de la Antigüedad, se apoyan en modelos de "celticidad acumulativa" y se da espacio a los estudios de escala regional.

En este libro se responde con solvencia a lo más lejano de la génesis de esos conceptos que ahora se reinterpretan. Y sus respuestas son importantes porque, para bien o para mal, son producto del tiempo por el que el autor nos guía.

Mª. **Dolores Fernández-Posse.**
Madrid, Abril de 2003.

AGRADECIMIENTOS.

A través de estas líneas quiero agradecer y reconocer las aportaciones de aquellos que han contribuido a que este trabajo sea hoy una realidad, definida por un cúmulo de situaciones y gentes diversas que, en mayor o menor medida están presentes en él. Su extensión solo es indicativa de lo mucho que abusé de la paciencia de los que me rodean.

En primer lugar a los profesores Marisa Ruíz-Gálvez Priego y Alfredo Jimeno Martínez, que fueron los creadores e impulsores de la idea original de este trabajo, lo dirigieron y estuvieron siempre dispuestos a colaborar, leer o discutir sobre el. Ellos supieron ver las posibilidades que el análisis historiográfico podía ofrecer y sobre todo la gran importancia de abordar el tema desde una perspectiva europea.

Tampoco hubiera sido posible realizar la mayoría del trabajo sin los meses que pasé en la Universidad de Southampton (Hampshire, Inglaterra), principalmente en lo referente a las cuestiones europeas y en particular a las británicas. Mi más sincero agradecimiento a los profesores Simon Keay y Tim Champion, por su amable acogida, su atención, sus aportaciones y sugerencias.

En la elaboración de este trabajo ha sido imprescindible la colaboración y el trabajo en equipo que desde 1999 he desarrollado en el Departamento de Arqueología del Instituto de Historia del CSIC, dentro del Equipo de Investigación: *"Estructura Social y Territorio: Arqueología del Paisaje"*, bajo la dirección del Dr. Francisco Javier Sánchez-Palencia Ramos. Sin los medios, ánimo y apoyo de mi equipo no sería posible ahora presentar este libro. Tengo que agradecer, por lo tanto, a Mª Dolores Fernández-Posse, F. Javier Sánchez-Palencia, Almudena Orejas, Inés Sastre Prats, María Ruiz el Árbol, Elisa Bertrán y Esteban Moreno, así como a Domingo Plácido en el manejo de las fuentes antiguas, su inestimable ayuda.

En este departamento he tenido también la suerte de contar con los comentarios de Ricardo Olmos y Mª Paz García Bellido, así como de conocer a Manuel Álvarez Martí-Aguilar, del que aprendí mucho sobre cómo tiene que trabajar un historiógrafo y cuyos archivos asalté con su amable consentimiento.

Sirvan igualmente estas líneas para reconocer el esfuerzo de aquellos que han sufrido las dificultades personales que acarrea la investigación. Por todo ello, y ante todo, vaya este trabajo dedicado a **Mª Ángeles**, por los años robados.

Todas estas aportaciones han venido a hacer mejor este trabajo y, como es natural, de los errores, inexactitudes y demás fallos soy yo el único responsable.

Óscar López Jiménez[*]
Department of Archaeology
Reading University
Reading, Junio de 2003.

---

[*] Este trabajo se ha desarrollado dentro de los proyectos: *AGER. La Formación de los Paisajes Antiguos en el Occidente Peninsular. Estructuras Sociales y Territorio* del Ministerio de Ciencia y Tecnología (Programa Sectorial de Promoción General del Conocimiento - BHA 2001-1680-C02-01) y *METALA. Geoarqueología y organización del territorio en las zonas mineras del occidente de la Meseta Norte*, (Junta de Castilla y León, CSI07/03).

INTRODUCCIÓN.

La idea original de este trabajo surge como Memoria de Licenciatura cuyo planteamiento se debe, sobre todo, a las aportaciones de los profesores Alfredo Jimeno y Marisa Ruíz-Gálvez. Ésta fue leída y defendida en enero de 2000 en la Universidad Complutense de Madrid y durante el tiempo transcurrido ha venido siendo enriquecida y aumentada con numerosas contribuciones.

El primer objetivo que se pretendía alcanzar era la contextualización histórica, teórica y metodológica de la formación de los conceptos asociados a la arqueología de la Celtiberia en particular y, por lo tanto, de la céltica en general. Para ello era necesario tener en cuenta numerosos factores que correspondían a la arqueología europea y que también necesitaban de una caracterización que permitiera entender su integración en el panorama español.

El campo delimitado debía de ser amplio, ya que comprendería a lingüistas, filólogos, y otros "arqueólogos" tal y como se entendían en otros momentos del pasado, pero se irá centrando más claramente a medida que nos vayamos aproximando al siglo XX. Aunque durante el desarrollo del discurso se revisan etapas anteriores a las señaladas en el título, será durante estos años, los que se comprenden entre la publicación de la obra clave de Humboldt en 1821 y los años de la guerra civil española (1936-1939), cuando, a mi juicio, se frague la base de la moderna arqueología de los celtíberos.

El discurso se planteó desde un principio siguiendo un hilo histórico, ya que en la mayoría de los casos éste nos daba la secuencia lógica de sucesión de los hechos de forma inteligible. Sin embargo, en muchos casos, esta ha sido alterada para poder explicar o desarrollar aspectos o procesos concretos, señalando esta circunstancia y retomando luego el desarrollo anterior.

Otro elemento que estará muy presente y creo que es imprescindible para entender el discurso historiográfico es la contextualización de los elementos relacionados con la arqueología dentro de su ámbito social, cultural, político y personal, en la medida de lo posible. O, en cualquier caso, realizar una aproximación a ellos de forma que se muestre un estado general de las cosas y cual es la interpretación que uno mismo da de ellas. Esto facilita también al lector entender cual es el proceso seguido por el autor al dar relevancia a unos procesos u otros y a unas circunstancias sobre otras, así como cual es la visión que se nos presenta sobre un momento, una sociedad o una persona en su contexto. Esto hace que, durante todo el texto haya constantes referencias a los contextos políticos, a la trayectoria vital de los autores estudiados o a las escuelas y academias de arqueología, dedicándoles amplio espacio.

Evidentemente, no es posible en un trabajo tan reducido atender a todos los aspectos, autores o corrientes como sería necesario para establecer firmemente una solución a la formación de las identidades de los pueblos de la antigüedad, en el caso de los celtíberos en relación con su contexto europeo, pero si creo que pueden tenerse como válidos los elementos de referencia tomados para establecer una base de interpretación.

La investigación en este campo ha evolucionado enormemente durante los últimos dos siglos, creando nuevos elementos de análisis a los que hay que atender para actualizar y reestructurar, de acuerdo con la moderna arqueología, el conocimiento sobre los pueblos de la Edad del Hierro. Este es uno de los periodos que mayor desarrollo teórico y dialéctico ha sufrido en los últimos años dentro de la arqueología en general y la española en particular debido a su estatismo tradicional. Hoy la revisión no se centra solamente en los registros arqueológicos, los tipos o la interpretación de las fuentes, sino que nos hemos dado cuenta de hasta qué punto la mente del arqueólogo, filólogo, o investigador en general, puede condicionar y hacer tendenciosa una interpretación, una teoría o un resultado. A esta cuestión pretende atender el análisis historiográfico, que ha sido hasta ahora un primer capítulo molesto pero inevitable de las tesis doctorales, pero que trabajos de síntesis global, cuyo mejor exponente sería el de Burillo (1998), han puesto en valor como parte sustancial del proceso de comprensión sobre cómo reconstruimos nosotros estas sociedades del pasado. La formación teórica, la filiación política, las vivencias personales, los vínculos profesionales, las arqueologías institucionales, etc., han marcado inevitablemente (y siguen haciéndolo) estos procesos de reconstrucción.

EL PENSAMIENTO EUROPEO Y EL CONCEPTO DE CELTÍBERO: 1821-1939.

En este trabajo hay dos elementos articuladores básicos que serán, por un lado el concepto de celtíbero y por otra la perspectiva europea y su relación con éste dentro de las corrientes célticas.

El concepto de celtíbero no es un tema nuevo a tratar, aunque sí bastante escaso, y menos desde el punto de vista de la historiografía de la arqueología. Ya en 1988, el profesor Burillo escribía un primer capítulo de un libro con este título, preludio de una vertiente que ha cultivado y de la que me he de reconocer deudor en numerosos aspectos. Entonces ya se abordaba el tema con una completa síntesis y un análisis del estado de la cuestión que mostraba, en apenas una docena de hojas, los datos en las fuentes y las evidencias arqueológicas más relevantes para comprender la investigación hasta el momento, pero sin tocar más que de soslayo los aspectos historiográficos.

El concepto de celtíbero se va a contemplar en este caso más como lo que se ha entendido como "celtíbero" en la arqueología de este siglo y porqué, así como sus repercusiones hoy en nuestra construcción de lo celtibérico, que como construcción de una realidad arqueológica. Intentaré establecer su proceso de formación y sus vinculaciones con el mundo europeo, que influyó bastante más de lo que puede parecer a primera vista.

La arqueología celtibérica se vio seriamente afectada por el proceso de formación de las identidades, desarrollado en Europa principalmente desde principios del siglo XIX. Los paralelos, la interpretación y el marco teórico, cuando lo hubo, se vieron seriamente impregnados por las lecturas y la presencia de investigadores franceses, alemanes e incluso ingleses. Estos países se encontraban a su vez sufriendo una serie de transformaciones sociales y políticas que provocaron una reconceptualización de su identidad actual y, por lo tanto, de sus raíces. Es un momento de cristalización de los procesos nacionalistas en Europa y del imperialismo colonialista de algunas pocas naciones que veían crecer su poder a costa de las pérdidas de otras. Inglaterra o Alemania estaban entre las primeras, y España, cada vez más, entre las segundas.

Las corrientes "célticas" en Europa, integradas en estos procesos, desarrollaban una arqueología basada en lo que Ruiz Zapatero ha definido como "continuidad autóctona" (1988: 19). Aunque él lo aplicaba a la interpretación del registro arqueológico, este concepto puede definir perfectamente esa tendencia a legitimar la primacía de una "raza", pueblo, etc., sobre un territorio, u otros pueblos, por su vinculación ancestral o su herencia cultural, incluso entendiéndola como biológica. Es un sencillo esquema tan antiguo como la propia tradición y cuya validez ha sido plasmadas en la base del Derecho: La costumbre (derecho consuetudinario) y la herencia cultural.

En este contexto veremos como la Celtiberia ha sido abordada desde muchos puntos de vista, fruto de su complejidad como pueblo y la numerosa información generada por ella. Desde las fuentes escritas, en el amplio espacio geográfico y temporal en el que se ubican, las lingüísticas, las arqueológicas o las artísticas, se han generado diferentes concepciones de su carácter, según atendieran los investigadores a unos aspectos u otros de la evidencia.

Desde que a principios del siglo XIX se comenzara la arqueología "académica" en España, una España azotada por la inestabilidad, los modelos políticos generados por Europa son importados por los diferentes grupos de intereses sociales y tienen su reflejo en la arqueología española. Durante mucho tiempo los paralelos arqueológicos se buscan en Centroeuropa, las teorías se adaptan al caso español y los celtíberos se integran en las dinámicas unitarias europeas. En la Península Ibérica, para la Edad del Hierro, serán los años 20 a 40 del siglo XX los que marcarán la cristalización de una línea de arqueología céltica que en muchos aspectos todavía está por superar. Sin embargo, la revolución (por llamarla de alguna forma) de la arqueología céltica de los años 80 en España se basó en el desarrollo de los procesos autóctonos, comenzando un desapego de los referentes europeos muy importante. La no-correlación que comenzó a aparecer entre los elementos arqueológicos europeos y la secuencia cultural de la Celtiberia produjo el auge del autoctonismo y los estudios regionalistas, cada vez más distanciados, tanto de las corrientes explicativas europeístas como de su comparación arqueológica, buscando crear una arqueología de lo celtibérico bastante endogámica.

Hoy eso está cambiando y cada vez se vuelve más hacia una referencia teórica y metodológica europea, pero de carácter diverso, ya que es el mundo anglosajón el referente, muy diferente del área franco-germánica que marcó la etapa anterior.

Sobre este panorama intentaré exponer cual ha sido la formación de la arqueología celtibérica, especialmente en sus inicios y demostrar hasta que punto este proceso esta influido por el celtismo europeo, decisivo desde mi punto de vista, por replicar los modelos de "cultura" y procesos de "invasión" y "difusión" venidos de Centroeuropa y que, hoy todavía, subyacen en muchas interpretaciones. Elementos asimilados inconscientemente, fijados de forma subliminal y aplicados a estos pueblos, que forman parte de su carácter, modo de vida, etc., metidos todo los pueblos "bárbaros" en el mismo saco de los "auténticos", "naturales", etc.

Uno de los grandes pilares de la interpretación de "lo céltico" será la conformación de su estructura social y política, dentro de un marco europeo. Estas imágenes de la antigüedad cristalizan a finales del siglo XIX, pero son fruto de, principalmente, esquemas lingüísticos montados sobre conceptos complejos como los de etnia o cultura y desarrollados en paralelo a otros ejemplos como los de la Irlanda altomedieval. Así se generan algunos de los modelos que más fijos quedarán en la mente de los arqueólogos y subyacerán en los escritos de todos [Cuadro 1].

A lo largo de este trabajo se intentará mostrar como se han ido acoplando los diferentes elementos históricos e historiográficos que formaron la base de la arqueología de la Celtiberia.

La revisión historiográfica presenta un concepto de celtíbero siempre muy vinculado a los modelos de interpretación generados en el contexto europeo, principalmente franco-alemán.

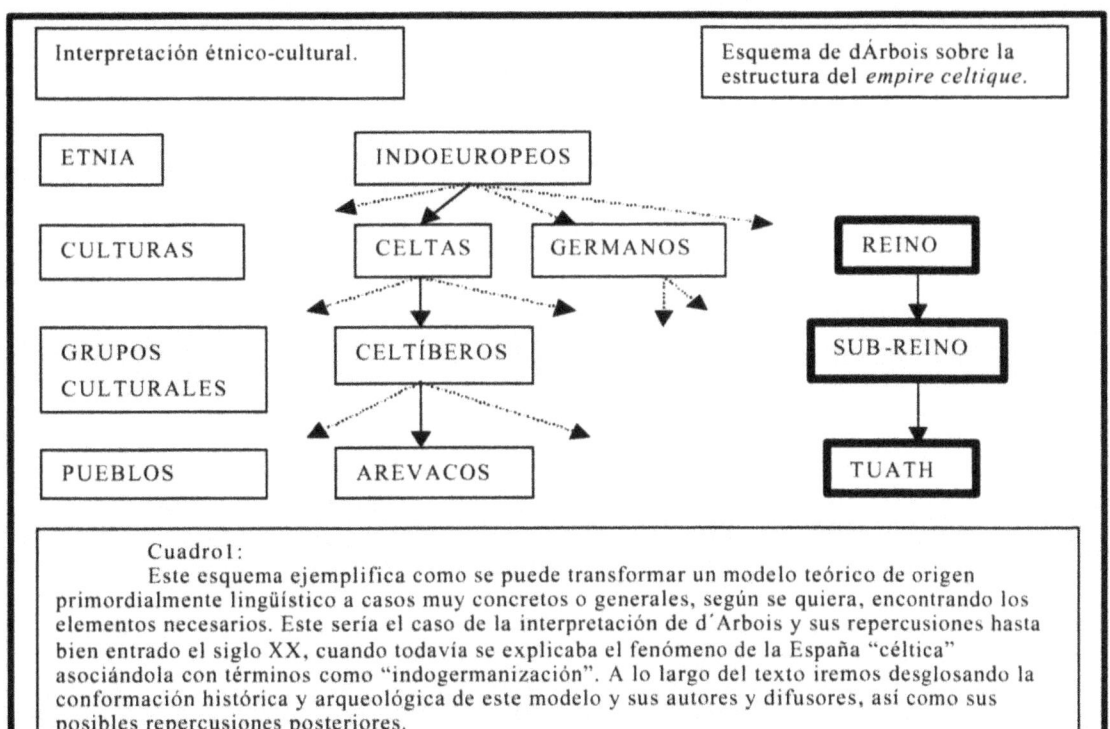

Cuadro1:
Este esquema ejemplifica como se puede transformar un modelo teórico de origen primordialmente lingüístico a casos muy concretos o generales, según se quiera, encontrando los elementos necesarios. Este sería el caso de la interpretación de d´Arbois y sus repercusiones hasta bien entrado el siglo XX, cuando todavía se explicaba el fenómeno de la España "céltica" asociándola con términos como "indogermanización". A lo largo del texto iremos desglosando la conformación histórica y arqueológica de este modelo y sus autores y difusores, así como sus posibles repercusiones posteriores.

Esta interpretación estará condicionada por la situación sociopolítica y será a su vez condicionante de una lectura u otra de la reconstrucción histórica, algo que hay que contextualizar también desde una lectura amplia, de forma que entendamos algunos motores de procesos que son externos a la propia academia arqueológica.

El proceso de formación de la investigación sobre la Celtiberia es un continuo cuyo punto de inicio, como elemento de estudio, he fijado por la gran importancia y repercusión que tuvo, en la aparición de la obra de Humboldt. Ésta fija el punto de partida hacia la creación de una escuela de arqueólogos y prehistoriadores cuya consecuencia última será la generación que dará lugar a la moderna arqueología celtibérica en España, y que cierra el paréntesis en el que se centra este trabajo.

Todo esto es lo que pretende exponer este trabajo demostrando, hasta donde una labor de interpretación historiográfica lo puede permitir, el porqué de algunos puntos básicos de la interpretación actual y la importancia, hasta hoy muy poco reconocida, del componente europeo en su conformación.

CAPÍTULO I.- Europa en el siglo XIX.

I. 1.- La situación social y política en Europa.

A mediados del siglo XVIII la población mundial era de unos 750 millones de habitantes, doscientos años después alcanzaba los 3.000 millones. Este incremento de la poblacional no habría podido darse de no ser por la revolución agrícola estrechamente unida a la revolución industrial. Es la Europa de las migraciones, de la revolución del transporte, del colonialismo y de la sociedad de masas. En este contexto aparecen los fenómenos políticos más relacionados directamente con el estrés demográfico, como el fascismo o la estructuración de los nacionalismos de muy diverso signo.

Ya en Montesquieu aparece la preocupación por el número de los hombres, pero es en la figura del inglés Malthus donde encontramos la primera denuncia de esta situación, intolerable para él. Así, en su obra *Essays about population* (1798) denuncia ásperamente la desproporción entre el ritmo de crecimiento poblacional y el de los alimentos, anunciando un horizonte de hambre del que hace culpables a los pobres. Sus juicios sociales se muestran tremendamente clasistas y reaccionarios, afirmando cosas como que "los obreros se casan con demasiada ligereza" o que "los pobres tienen el mismo derecho a ser alimentados como a vivir mil años".

Sin embargo, y aunque estas breves pinceladas sobre su pensamiento nos muestran una forma de pensar nada rara en este momento entre las clases altas cuyo status se ve amenazado, la obra de Malthus va más allá de los juicios de valor y por ejemplo sus análisis estadísticos ejercieron una gran influencia durante todo el siglo XIX. Lo que sí está claro es que las raíces de este pensamiento se hunden en un substrato que tomó cuerpo, años más tarde, en los nacionalismos exacerbados de los facismos alemán o italiano, o en las políticas imperialistas y colonialistas inglesa o francesa.

Pero no podemos pensar que este era el único pensamiento entre las clases ilustradas europeas en aquel momento, pues muchos se levantaron en contra de la dureza de estos postulados, entre ellos Proudhon, Engels o Marx, pero existía un sentimiento de amenaza tanto por parte de las clases acomodadas como de las burguesías que comenzaban su ascenso a estamentos de poder.

Esta será por tanto una Europa de crisis, guerras, epidemias y sobre todo grandes revoluciones sociales. Tal será, entonces, la herencia socio-política del siglo XX, lleno de tensiones y choques entre los imperialismos reinantes alineados en bloques de potencias. Se trata de una primera "guerra fría" llamada por los historiadores la "paz armada".

Uno de estos bloques estará bajo el liderazgo y patronazgo del Reino Unido, cuya potencia marítima y su imperio comercial convertían en una fuerte aliada. El otro lo liderará una Alemania en expansión comercial, política, industrial y demográfica, cuyas revoluciones sociales están controladas y dosificadas. El círculo de relaciones de España estará siempre muy cercano a la periferia de este último, sobre todo por mediación de Francia, competidora política pero seguidora intelectual de los prusianos, así como Portugal se alineará fuertemente con Inglaterra.

En Francia la derrota en la guerra franco–prusiana (1870-71) provoca la caída del Segundo Imperio, iniciándose una época de gran confusión y desestabilidad política. El gobierno de Thiers, instituido en 1871, regenta una república sin republicanos azotada por el ejército de ocupación prusiano, 175.000 muertos, 400.000 prisioneros, territorios entregados a la nueva Alemania y una insoportable deuda de guerra.

El mundo español es muy próximo a la academia francesa, no sólo por las similitudes históricas o por las tradiciones comunes, sino también por una relativa oposición común al tradicionalismo inglés. Mientras estos últimos son anglicanos a ultranza, fomentando un papel preeminente de la burguesía en la vida política e intelectual, el mundo hispano – francés mantiene una rigidez de valores católicos y de salvaguarda de las instituciones tradicionales, sustentada por la formación de las cámaras y gobiernos conservadores, así como una tradición jurídica, administrativa y política con mucho en común. A esto se suma la vinculación de las familias de la monarquía apoyada por los grupos más tradicionalistas y admitida generalmente por todos.

Francia se recuperará poco a poco llegando a entrar en el siglo XX con la idea de formar un poderoso eje francés en Europa. Su añoranza de la *grandeur* es motivo para que se desarrolle en estos años un fuerte sentimiento nacionalista, apoyado en parte en el pasado céltico que servía muy bien como refuerzo para promocionar ciertos componentes de carácter étnico.

Mientras tanto, Alemania vive un momento de tremendo impulso y énfasis expansionista. Se erige en modelo de éxito social y político y parece que su aspecto poderoso hace olvidar sus divisiones internas y su distancia ideológica y social de España a una clase dirigente que la toma como ejemplo. Desde 1871 la máquina de la expansión alemana aparece con fuerza imparable en el panorama europeo. Este es el año de la victoria sobre Francia y de la proclama del Imperio Alemán, cuyo titular será el emperador Guillermo I de Prusia. Un imperio que nace con dificultades que se convertirán en beneficios gracias a una gestión política dura pero inteligente. Por ejemplo, el problema de la multiplicidad de credos se convierte en una forma de diferenciación aprovechada para acercarse a países de tradición católica, amparándose en las grandes poblaciones bávaras, alsacianas y sobre todo polacas que suman cerca de un 40% de católicos en el país.

Sin embargo esas mismas diferencias habrían sido indudablemente un escollo si no hubiera sido por la presencia de un hombre de carácter especial y un político excepcional, Otto Von Bismark, el famoso *Canciller de Hierro*. Él es el encargado de engranar ese mosaico de intereses entre 1871 y 1890, un periodo clave para establecer el lugar que Alemania tendrá en Europa hasta la Segunda Guerra Mundial, dejándola a su salida, provocada por su animadversión hacia el joven emperador Guillermo II, abocada a tomar un puesto de cabeza en la entrada de Europa en la Historia del siglo XX.

Bismark fue un auténtico *Junker* prusiano, antiliberal y anticatólico que sentía una verdadera aversión al Parlamento y las cámaras, pero como buen estadista y estratega respetó las mismas instituciones y posturas políticas o religiosas en las que no creía.

Bajo su mandato Alemania hará un esfuerzo por controlar dos factores que le habían sido de gran utilidad e invierte en ellos gran voluntad, contingente humano y dinero, las comunicaciones y la educación.

Esta última permite una gran versatilidad a la hora de recrear los marcos ideológicos, sirviendo, por ejemplo para forzar a las zonas anexionadas a hablar el alemán como lengua de cultura para poder acceder a la educación de mejor calidad del momento. Así, el ciudadano danés, polaco o alsacio – lorenés, debía renunciar a su idioma, prohibido su uso oficial por las leyes de Bismark, para entrar en las universidades, laboratorios e institutos de investigación bajo control estatal, que imponía una prusianización global como elemento homogeneizador.

Estas medidas afectaron igualmente al concepto que los extranjeros que estudiaban en Alemania tuvieron, acentuada por las posibilidades que los transportes del momento ofrecían a ciertas clases sociales para viajar. Se inicia así un intercambio de ideologías e información que influirá definitivamente en la formación de las academias de Europa en general y de España y Francia en particular.

Pero el foco de exaltación del nacionalismo traspasa con mucho el ámbito académico. En otras facetas de la vida artística o literaria se fomentan las grandes obras llenas de valores patrios y de grandiosidad germánica. Son autores como Wolf, Wagner (ver apartado I.3.4), Chopin, Goethe etc., los que abanderan esa corriente y, con el apoyo estatal y muchas veces personal de su gobierno, traspasan las fronteras para fijarse es las mentes de todos los europeos hasta nuestros días.

De esta tendencia no escapará la arqueología, que acusará una fuerte influencia de aquellas esferas sociales en las que se formó. La arqueología más tradicional, impregnada de premisas nacionalistas e imperialistas, así como las nuevas tendencias materialistas, entonces entendidas desde el Marxismo, fueron fruto de las revoluciones teóricas derivadas de la revolución industrial y la creación de nuevos estratos sociales y de las conciencias de clase (Trigger, 1992).

Nos encontramos, en definitiva, en una sociedad de constantes tensiones sociopolíticas. Una Europa regida por los nacionalismos, los imperialismos y el colonialismo nacida del post-revolucionarismo de finales del XVIII y principios del XIX. Una sociedad convulsionada por pequeñas y grandes crisis que no le eran ajenas a los círculos académicos. Estos, actuando como receptor de los influjos y motor de cambio, será tan susceptible como los individuos mismos a los procesos sociales, generando nuevas respuestas intelectuales a estas nuevas situaciones.

En concreto en el campo de la Arqueología, serán estas nuevas necesidades intelectuales (intrínsecamente sociales) las que llevarán a desarrollar los primeros pasos hacia el fin del anticuarismo y el comienzo de una arqueología como disciplina que responda a una serie de inquietudes sociales.

I.2.- Contexto y concepto de la Historia.

I.2.1.- Hegel y la Filosofía de la Historia.

Si una corriente filosófica impactó en la concepción de la filosofía de la historia durante el siglo XIX ésta fue la alemana, y si nos planteamos escoger una figura clave y que hubiera dejado una clara huella en la historia que se escribió en los años posteriores esta es la de Federico Hegel.

Jorge Guillermo Federico Hegel nació en Stuttgart en 1770, estudió en Berna y Frankfurt tras abandonar su vocación de pastor protestante y en 1801 culmina su doctorado en la Universidad de Gena. En 1816 es llamado a ocupar una cátedra en la Universidad de Heidelberg y en 1818 en la de Berlín, donde desempeñó su actividad docente y literaria hasta su inopinada muerte en 1831 a causa del cólera.

A la muerte de Kant las corrientes de pensamiento en Europa se vieron afectadas por una fuerte influencia del llamado "idealismo", del cual el "idealismo alemán", representado por Fichte, Schelling y Hegel fue el epicentro. Esta corriente se hará sentir de forma muy especial en la Historia, principalmente a través del pensamiento de Hegel.

En la filosofía hegeliana tan solo existe una cosa: la Razón. Una razón que es Espíritu e Idea, no una razón subjetiva, humana, sino una "Razón del Absoluto". Es el espíritu del mundo el que crea las cosas al pensarlas, como lo que él llama un *intellectus archetypus*, pero no una sola vez, sino en un proceso de constante desarrollo, iniciando así una especie de evolucionismo cósmico de origen lógico en cuya cumbre se encontraría el ser humano. Pero, aunque esa evolución es constante y continua no se desarrolla de forma armónica, sino que lo hace mediante un sistema de oposición dialéctico. Eso significa que para Hegel debe existir un concepto (llamado "tesis") que, dada su imperfección suscita el que le es contrario ("antítesis") y que debe ser superado por medio de alcanzar un tercer concepto ("síntesis"), el cual es imperfecto y suscita una antítesis, etc.

Esta base filosófica hace que Hegel plantee en todas sus interpretaciones una constante oposición. La principal de ellas será la que existe entre razón y naturaleza. La razón tendría como representación suprema al estado, y la filosofía será su eje articulador final y perfecto, ya que según él, tiene la capacidad de pensarse a si misma, no como la religión.

El Estado está, por lo tanto, concebido como cúlmen de la moralidad objetiva, postulada como una línea que lleva desde el individuo a la familia, y de esta al estado.

Su *Filosofía de la Historia* está marcada por este evolucionismo racional y su idea de lo moral tal y como hemos explicado. Para él la historia sólo es una parte del proceso universal en el cual se engloba y del cual participa, concretamente la aplicada a la realidad de la existencia humana considerada a lo largo del tiempo. Un breve vistazo a la Historia le basta para darse cuenta de que en el transcurso de los tiempos la humanidad ha ido adquiriendo conciencia de que el ser humano es y ha de ser libre. Esto le lleva a establecer una línea jerárquica en la que las sociedades se escalonan en relación a su concepto de la libertad humana. De esta forma, al principio solo uno era libre, el déspota, más tarde, con los griegos y romanos lo fueron algunos más, pero no es hasta que llegamos al mundo cristiano germánico que todos puedan ser libres.

Por encima del providencialismo de San Agustín, de la teoría de los ciclos históricos de Vico o del proceso biológico de Spengler, Hegel concibe el proceso histórico como un desarrollo teleológico dirigido por y hacia una finalidad inteligente que sabe servirse de todos sus hechos (buenos y malos) para llegar a su objetivo. Esta forma de entender las ideas se desmarca por completo de la doctrina que luego postulará el evolucionismo darwinista que pronto tomará forma.

La mejor síntesis de sus ideas es, sin duda alguna, su *Filosofía de la Historia* (1837) que es una obra póstuma, recopilada de sus clases y seminarios por Eduardo Gans, jurista y discípulo suyo. Descargado del comedimiento que podría tener un texto hecho para ser publicado, esta recopilación tiene la sinceridad de lo dicho de palabra, y la claridad de una charla académica. Refleja muy bien cual es el concepto de la sociedad y del mundo de Hegel, plasmando una serie de ideas que habían estado circulando por las más prestigiosas universidades alemanas y extranjeras. Sus conceptos arraigaron en las esferas políticas y académicas, dando forma filosófica a una serie de pensamientos y sentimientos muy concretos de su época.

Las principales de estas ideas influyeron en el pueblo alemán de un modo decisivo y muy real, marcando la historia de su país y de Europa en buena medida, desde que Hegel las diera forma. No es que fuera el inventor de nada, sino más bien el recreador del sentimiento de una época.

Ideas como la de la superioridad del Estado, justificando el totalitarismo o la necesidad de aplicar el principio maquiavélico para permitir alcanzar a cualquier precio los objetivos de ese estado omnipotente, respondían a un contexto político muy concreto, en el que ese Estado de estados debía ser la gran Alemania en expansión. Estos planteamientos desarrollaron unos sistemas valores propios, promocionando el culto al "Héroe", postulando la pureza de la raza y su superioridad étnica e histórica.

Como podemos ver, Hegel es un hombre inserto en su tiempo, un continuador que reconstruyó y replanteó unas bases nacionalistas promocionadas en la Alemania de su momento, y cuya influencia se haría notar claramente en otros muchos autores posteriores, entre los que podemos destacar a Fichte, con sus discursos a la nación alemana, sistematizados, sintetizados y divulgados por Nietzche y lanzados en pleno delirio nacional con Rosenberg.

La posición teórica de base filosófica será básica para entender muchos de los elementos interpretativos de la arqueología europea y sobre todo alemana. Hegel representa el primer filósofo que sienta las bases del historicismo como método interpretativo. Su tremenda influencia en la base de todo el sistema de interpretación de la academia explica la rápida y profunda aceptación que tuvieron los planteamientos anti-evolucionistas, la primacía del estado como órgano base de la estructura social, y el concepto de perfección del estado germánico (cristiano) entre todos los de la antigüedad (y base del actual que es el paradigma de libertad). Su mejor discípulo será Gustav Kossina, que aunque ha sido tratado como el ideólogo de la arqueología nazi, no fue más que el mejor transmisor del idealismo alemán a la arqueología, como lo había sido antes Von Ranke a la Historia en general.

I.2.2.- La Historia y sus autores.

La Historia moderna hunde sus raíces en tres frentes diferentes pero íntimamente interconectados: el racionalismo francés de Montesquieu (1689 - 1755) y Voltaire (1694 - 1778), la ilustración británica con Hume (1711 - 1776), Robertson (1712 – 1793) y Gibbon (1734 – 1794) y la potente escuela histórica germana con el despertar del romanticismo.

De todas ellas la más importante por su influencia en el panorama europeo y su fuerte tradición durante todo el XIX y principios del XX fue la alemana, retomando y reemplazando a la ilustración francesa. Durante el siglo XVIII los historiadores alemanes fueron asimilando la revolución ilustrada francesa y transformándola al pensamiento alemán.

La Universidad de Göttingen tuvo gran importancia en este momento, siendo la punta de lanza de la ilustración alemana en el campo de la Historia. Esto fue, en gran parte, gracias a los profesores Heeren y Schlözer principalmente, y a otros investigadores como Möser, Winckelman o Heder. Serán ellos, sobre todo Möser y Heder, los representantes de la defensa nacionalista que sustentará una Historia basada en el universalismo y la exaltación de los valores étnicos y culturales nacionales, sentando las bases del romanticismo histórico.

El siglo XIX retoma la crítica histórica y continúa por otro lado el desarrollo del método erudito. Para entonces los precursores franceses están en desuso y los historiadores trabajan por la unidad alemana (luego se exportará a los diferentes países y cada uno lo aplicará al suyo) como uno de los rasgos definitorios del sentimiento nacionalista germano. Es el momento en que aparece el famoso "historicismo" alemán, cuyos padres serán Niebuhr y Von Ranke. Ambos introducen las claves de esta corriente sobre la crítica histórica y un manejo abrumador de datos.

Si la obra de Niebuhr fue importante, principalmente su *Historia de Roma*, la de Von Ranke va ha ser clave para entender este momento y la trascendencia de sus postulados se va ha sentir en la Historia y los historiadores durante generaciones.

Leopold Von Ranke (1795 – 1886) escribió numerosas obras de gran repercusión internacional, entre las que destacan *Alemania en Tiempos de la Reforma* (1839), una historia de Francia, o una de Inglaterra, así como multitud de trabajos sobre Prusia. Pero su obra cumbre será la *Weltgeschichte* (1883), o Historia Universal [Fig. 1].

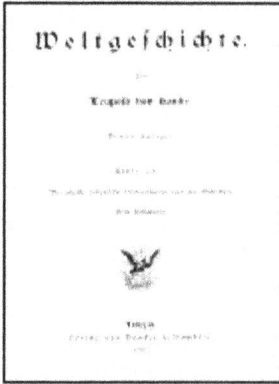

Figura 1:
Portada original del primer tomo de la obra monumental de L. Von Ranke. Un hito en el concepto y tratamiento de la historia que influyó definitivamente en la escuela histórica alemana en particular y europea en general.

Su planteamiento es realmente novedoso en lo que atañe a los análisis de las relaciones internacionales o la política de Estado y sus efectos sobre la organización interna de la política. El Estado cobra una fuerza excepcional en sus escritos, como parte de ese patrimonio idealista (hegeliano), anulando en la historia al pueblo, la gente, a favor de un protagonismo estatal.

Estas son algunas ideas muy arraigadas en los historiadores alemanes que no tenían los franceses. También establecen un concepto de nacionalidad que será luego desarrollado en sus aspectos más restrictivos por sus continuadores.

Para Ranke el nacionalismo no tiene las connotaciones restrictivas que adquirirá más tarde, sino que la civilización europea se compone mediante el entramado de un cúmulo de nacionalismos entrelazados por las sus relaciones externas. Su concepto de nación no es el del primacionismo posterior, sino algo más suave, aunque participa en gran medida de una filosofía de la historia basada en los postulados de Hegel y su idealismo germanocéntrico.

Como apunta Fontana (1992) el imperialismo alemán intentó alcanzar un número de reformas que le permitieran despegar económicamente pero sin pasar por la revolución. Sin embargo no podía dejar pasar el ideal revolucionario, adecuado para crear una cultura cohesionada para el "pueblo alemán" con un grupo de intelectuales a la cabeza que renunciaban a criticar al estado. Es por eso, por ejemplo, que los objetivos de Ranke son la diplomacia y la polemología, donde Estado y Nación se identifican, y por tanto estado y pueblo.

Pero no todos los historiadores estaban en este grupo y una parte de ellos se aparta del nacionalismo. Dentro de los "independientes" nos interesa uno muy especialmente por su trascendencia y especial relación con la arqueología del momento, Theodor Mommsen (1817 – 1903). Volveremos sobre su trabajo y su influencia en otros investigadores españoles y europeos, principalmente V.G.Childe, más adelante, pero ahora es importante enmarcar su trayectoria general y la línea que dejó en herencia a los historiadores europeos.

Mommsen fue un erudito, como era de rigor en la época, con una formación bastante singular. Jurista de profesión, aficionado a la epigrafía, numismática y filología clásica, escribió diversos estudios de gran importancia, como su *Corpus Inscriptorum Latinarum*, o su obra más significativa y reveladora de su carácter investigador, su *Historia de Roma* (1849). En ella se muestra como un hombre racionalista, desvinculado por tanto de las interpretaciones metafísicas. Un hombre cuyo nacionalismo, que también existe, es de carácter liberal, lejos de la lucha por la identidad étnica como herramienta de imposición sobre otros, no se alinea con el autoritarismo ni las esferas oficiales.

De su trayectoria personal podemos decir que nació el 30 de noviembre de 1817 en Garding, Schleswig (Alemania), fue educado en la Universidad de Kiel como jurista, fue profesor de derecho en Leipzig en 1848, coincidiendo con la época de la revolución, puesto que perdió dos años después por no alinearse con la política oficial. En 1852 es nombrado profesor de derecho romano en Zürich y en 1854 en Breslau, para pasar al campo de la Historia Antigua definitivamente en 1858 con su puesto de profesor de esta disciplina en la Universidad de Berlín. En 1873 Mommsen fue elegido secretario de la prestigiosa Academia de Berlín.

Ha sido, además, uno de los pocos hombres relacionados con la Arqueología que ha ganado el premio Nobel, en este caso de literatura (1902). Murió el 1 de noviembre de 1903 en Berlín.

Tras estos autores el historicismo crecerá hasta las primeras décadas del XX, cayendo al tiempo que se derrumban los sueños de dominación alemana y provocando reacciones ideológicas nuevas que vendrán a cristalizar, entre otras, en el materialismo histórico o la Escuela de los Annales. Mientras tanto, el evolucionismo marcaba un hito en la concepción, no sólo de las ciencias, sino también de la historia y la antropología en el mundo anglosajón.

En 1863 Thomas Huxley (abuelo del famoso novelista Aldous Huxley) comienza la publicación de sus investigaciones y estudios comparativos entre sociedades aborígenes actuales y neanderthales (Huxley, 1896), iniciando una línea del evolucionismo social.

El enfoque darwiniano ofrecía una interesante y cómoda explicación para los poligenistas, sobre todo como justificación biológica y natural de las desigualdades entre los grupos humanos.

Alfred Wallace (1823 – 1913), socio teórico de Darwin, siempre se opuso a la interpretación racista y mantuvo que las habilidades mentales humanas no podían estar regidas por la selección natural. Esta idea no agradaba ni al propio Darwin, aunque siempre se opuso a la explotación de los pueblos no occidentales justificada gracias a esta base teórica.

El ideal evolucionista se transmitió rápida y profundamente a los prehistoriadores y arqueólogos del momento, especialmente en el mundo académico anglosajón, aunque llegó en forma de realidades asumidas al resto de Europa.

I.2.3.- La tradición académica alemana.

La escuela alemana en la universidad fue bastante homogénea en sus planteamientos, dentro de la lógica variabilidad entre centros y departamentos. Esta tradición será importante a la hora de asumir que muchos de los investigadores a los que aludiremos estuvieron involucrados en ella directamente, y los demás por su influjo.

La preminencia alemana en Europa, los medios económicos y humanos destinados a la enseñanza y desarrollo de esta disciplina, impulsados por el interés por controlar esta herramienta de uso político, hacen de Alemania un lugar privilegiado para los historiadores. Su prestigio llega a lugares lejanos y muchos estudiantes se desplazan hasta ellas para cursar sus carreras.

Un curioso ejemplo de este prestigio es la obra publicada en 1910 por Ernesto Quesada. Este argentino, profesor de la Universidad de la Plata en Buenos Aires, escribe por encargo de su rector un libro titulado *La Enseñanza de la Historia en las Universidades Alemanas*. Una obra que debía servir para ilustrar al claustro sobre cómo fundar una facultad de Historia en esta Universidad. Para ello Quesada viaja a Europa durante seis meses y recorre 22 Universidades, anotando sus experiencias y participando en sus actividades [Fig. 2].

Figura 2:
Foto y portada originales del libro de Ernesto Quesada sobre la enseñanza de la Historia en la Universidad alemana. Un libro del que solo se hicieron 1500 ejemplares, de los cuales solo 500 llevaban foto del autor. Este fue un raro ejemplar encontrado en la biblioteca central de la Universidad de Southampton (Hampshire, Inglaterra).

La línea institucional, marcada por el racionalismo wolfiano, se desarrollaba con una serie de variables más vinculadas a la tradición religiosa que a la académica. Este es el caso de los diferentes matices entre universidades católicas, en manos de los jesuitas, de férrea disciplina y control sobre el alumno, y las protestantes, más inclinadas a conceder cierta libertad al estudiante, y propensas a los seminarios y prácticas conjuntas que a los tradicionales exámenes escritos católicos.

Este sistema "liberal" y participativo se aplica en las universidades y los institutos, de entre los cuales destacó sin duda ninguna el del profesor Lamprecht, de la Universidad de Leipzig, llamado *Instituto de Historia de la Civilización*.

Sin embargo las líneas de la educación alemana estaban muy claras: un conocimiento enciclopédico y una separación total de la realidad social. Los alumnos eran educados con la intención de que fueran eruditos, no profesionales, no existe una conciencia de profesión con método, no hay más meta que la que podía haber en un historiador en el mundo clásico. La historia llega al pueblo a través de los políticos, tamizada y manipulada, es un derecho que se reservan al controlar los pocos canales de comunicación existentes y los medios para producir esa investigación [Fig. 3].

I.3.-La Arqueología europea.

I.3.1.- Los primeros arqueólogos modernos.

El paso del anticuarismo al procedimiento arqueológico fue gradual y ajustado al retraso con el que los diferentes Estados institucionalizaban unos estudios que les parecían de utilidad. Es de entre los propios anticuaristas de donde surgen ciertos eruditos que revolucionaron el estudio de la antigüedad. Podemos dividir claramente dos campos y vías de desarrollo independiente

(Trigger, 1992: 77), ambos muy bien delimitados tanto temporal como geográfica y políticamente.

Figura 3:
El famoso seminario del Profesor Lamprecht atraía a alumnos de toda Europa, principalmente procedentes de países bajo la más directa influencia alemana.

La primera de ellas iniciada en 1859 con la publicación del *Origen de las especies* supone un cambio radical procedente principalmente del Reino Unido y Francia, afectando a los estudios de paleolítico y del origen del hombre y centrados más en el campo de las Ciencias Naturales. Su influencia e importancia en los asuntos que nos interesan será colateral, teniendo más importancia, como veremos, las corrientes difusionistas.

El proceso más interesante en este caso sería el iniciado en la tradición histórica nórdica, en un mundo germano-escandinavo bastante homogéneo, a finales del XVIII y principios del XIX. Fue la necesidad de crear una cronología relativa factible para trabajar los materiales arqueológicos lo que propició el desarrollo de las tipologías. Lo que se buscaba era principalmente poder tomar la prehistoria reciente en su globalidad y ordenarla, fin muy anticuarista.

El productor y articulador de esta revolución que colocó rápidamente a la arqueología protohistórica en un nivel de complejidad cercano al de los estudios clásicos, fue Christian Jürgensen Thomsen (1788-1865). Nació en Copenhague en el seno de una familia acomodada y, como muchos de aquellos miembros de la alta burguesía del momento pronto se aficionó a la numismática antigua y medallística. Su posición social le permitió también cursar estudios en París. Su afición a las monedas y su afán catalogador fueron determinantes para establecer el que sería uno de los conceptos más revolucionarios de nuestra disciplina como fue la datación relativa. Así nace el sistema de las tres edades, la Edad de Piedra, la Edad de Bronce y la Edad del Hierro. De hecho fue durante la realización de un trabajo en 1816 encargado por la Real Comisión Danesa para la preservación y Colección de Antigüedades, órgano de reconocido prestigio en Europa, donde concluyó sus técnicas de datación y los criterios para llevarlas a cabo. Thomsen era un hombre independiente de la Academia danesa pero con un fuerte espíritu patriótico, que era bastante generalizado por aquel entonces. Como hemos dicho esta Europa era un gran cúmulo de nacionalismos que despuntan o se afianzan.

La razón de este patriotismo encendido radicaba en los avatares históricos daneses durante esa época. De forma en cierto modo similar al caso español, es una gran derrota lo que crea una crisis introspectiva en el país, volcándose en un pasado glorioso y valores ancestrales. Para Dinamarca el gran fracaso contra Inglaterra en las guerras napoleónicas y la destrucción del puerto de Copenhague fueron hechos decisivos. Es por ello que muchos de los estudiosos, historiadores y arqueólogos del momento realizan estudios motivados por razones nacionalistas, aunque manteniéndose dentro del enfoque evolucionista aceptado y asumido por ellos.

Desgraciadamente, Thomsen no dejó muchas obras escritas, y más aún el hecho de que las redactara en danés fue un freno importante para su difusión. Sin embargo, su obra más famosa, llamada *Ledetaad til Nordista Oldk y Dighed* (Guía de Antigüedades Escandinavas) aparecida en 1836, fue rápidamente traducida al alemán, cuyo círculo de influencia era muy estrecho con los países escandinavos, y tan solo doce años más tarde al inglés (Trigger, 1992).

La Academia inglesa y en buena parte la francesa, se habían mantenido ignorantes de los trabajos de Thomsen o de su amigo y continuador Worsaae (1849), a través del cual se conocen muchos datos de este primero. Sin embargo su particular revolución prehistórica llegó, aunque algo más tarde, de la mano de la investigación en el campo del Paleolítico, las nuevas aportaciones a la Geología como las de Charles Lyell (1830-1833), el evolucionismo darwiniano, y principalmente gracias a los trabajos de John Lubbock. Su obra *Prehistoric Times* (1865) fue una novedosa aportación tardíamente conocida en Europa, excepto en Francia que vivía por aquel entonces la revolución del Paleolítico en el Somme.

En el campo de los estudios célticos no existía una comunidad de arqueólogos "especialistas" como podía pasar con el estudio del Paleolítico, que se dedicara exclusiva o por lo menos principalmente al tema. Lingüistas o aficionados con un gran conocimiento erudito realizaron ciertos estudios sobre ellos basándose en los textos clásicos. Sin embargo podemos distinguir claramente dos formas muy diferentes de tratar la cuestión céltica, procedente de dos tradiciones independientes que replican el modelo de bloques políticos que apuntábamos anteriormente.

Por una parte los estudios filológicos más centrados en el mundo Indoeuropeo que corría a cargo de lingüistas alemanes, franceses o escandinavos, muy descriptivos y centrados en las fuentes clásicas, la numismática y la epigrafía.

Posidonio, Estrabón, Julio Cesar, Diodoro o Tácito son citados miles de veces durante los primeros intentos de explicar la variabilidad lingüística y étnica del mundo.

A este interés se sumarán los hallazgos que desde la primera mitad del XIX se vinieron sucediendo en la Europa Central, despertando gran interés entre los estudiosos de la antigüedad y los aficionados con medios para excavar (Ruiz Zapatero, 1997: 26).

Algunos de los primeros de estos hallazgos serían las tumbas del Rihn, conocidas en su mayoría entre 1830 y 1840, pero serían más famosas y más influyentes las de Hallstatt (1848) y La Tène (1856), así como para el nacionalismo francés será la excavación de Alesia (1860).

Los nuevos descubrimientos y la revalorización de los estudios sobre la Edad del Hierro cristalizaron en una sistematización preclara que fue la obra de Hans Hildebrand (1872), dividiendo los períodos en subdivisiones de Hallstatt para el Bronce y la primera Edad del Hierro y La Tène para el que caracterizaba a la segunda Edad del Hierro. Su aportación será la base de otras grandes obras de síntesis como las tradicionales periodizaciones que surgen a principios de siglo. En este sentido son un obligado referente obra de Reinecke (1902, 1906 – 07, 1911) o la de Déchelette (1908 –10).

Sobre esta base se construirán las grande obras francesas o alemanas de finales de siglo y principios del siguiente. Encontraremos en esas tremendas síntesis numerosísimas citas de los clásicos, gran cantidad de nombres de filólogos, alemanes principalmente, como Shade o Fick, a los cuales todavía se conoce mínimamente hoy, y a otros que actualmente están perdidos para nosotros (posiblemente no para los filólogos alemanes) como G. Curtims y E. Windich con una obra muy nombrada titulada: *Grundzüge der Griechische Etymologie; Brugmann* con su *Grundriss der Vergleichenden Grammatik;* L. Meger y el *Virglichende Grammatik;* o Kluge con su trabajo *Etymologisches Wörterbuch der Deutschen Sprache*.

Todos ellos escribieron obras de repercusión en los eruditos como d'Arbois de Jubainville, Déchelette y, por supuesto en toda la tradición germana desde Mommsen a Kossina o Schulten.

Sus trabajos se centraban en delimitar las raíces y dimensiones de lenguas comunes al alemán o griego pero también en contemplar cual era su relación con las lenguas primigenias del continente europeo. La raíz lingüística primera, la diversidad de las lenguas o el punto geográfico de partida de estas parece que fueron sus principales temas de estudio. Sin embargo tan solo puedo suponerlo por lo que de ellos ha quedado en los autores que los recogieron en sus obras.

En cuanto a la arqueología de los celtas, durante el siglo XIX ya se habían intentado trazar los patrones de distribución de algunos elementos identificatorios de lo que se comenzaban a llamar "culturas", como por ejemplo muestra el trabajo de Evans (1850) en el campo de la numismática y que será una guía importante para otros posteriores (Daniel, 1950: 303-305).

Para el caso céltico los hallazgos de La Tène eran los más firmemente identificados como celtas, tomando rápidamente un status de "cultura arqueológica" más que de estadio evolutivo. Este proceso se reafirmará y acelerará con las aportaciones de Mortillet (1870) al interpretar los elementos de La Tène del norte de Italia como restos de una invasión céltica documentada históricamente sobre esos territorios (Daniel, 1950: 11).

A partir de aquí la arqueología céltica se integra en el proceso difusionista y los investigadores buscarán paralelos por doquier con todos aquellos elementos que cronológica y tipológicamente puedan asimilarse. De esta política surgen asociaciones como la de los llamados "campos de urnas tardíos" del sur de Inglaterra a los pueblos belgas (Evans, 1890) apoyándose de un texto de Cesar en del año 54 a. E. en el que se dice que había allí algunas de estas poblaciones en aquel momento.

Por parte de la tradición anglosajona, de mucha menor repercusión en nuestro país, existe una línea de estudios celtizantes muy temprana. Esos estudios, muy de moda hoy por la controversia actual sobre la identidad y etnicidad celta, han sido estudiados a fondo por investigadores de renombre (Collis, 1997) (James, 1999). La historiografía de los últimos treinta años de investigación es definitiva para comprender el panorama inglés y las raíces en las que se funda (López Jiménez, 1999).

El comienzo de la tradición histórica céltica en Gran Bretaña está íntimamente asociada con la francesa y se puede decir que comienza con el trabajo del monje bretón Paul-Yves Pezron *Antiquité de la nation, et de langue des Celtes, autrement appellez Gaulois* (1703). Si bien es cierto que existe una obra anterior de un escocés llamado Buchanan (1582) (Collis, 1997) donde aparece por primera vez la asunción de los britones como descendientes de celtas, no es hasta 1707, con el libro de Lhuyd *Archaelogia Britannica* [Fig. 4] que se sientan las bases del concepto de celticidad británica.

Impresionado por la obra de Pezron, Lhuyd escribe un tratado que supone un hito en el estudio de la lingüística y monumentos célticos en Gran Bretaña. Su libro apuntó igualmente las bases sobre las que, hasta hoy, se puede construir una literatura del "imperio céltico" en Europa.

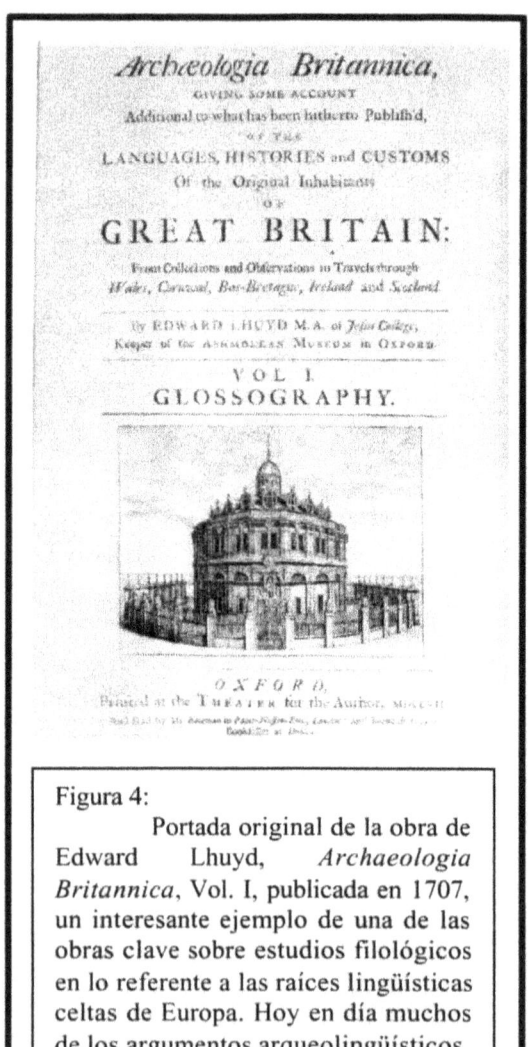

Figura 4:
Portada original de la obra de Edward Lhuyd, *Archaeologia Britannica*, Vol. I, publicada en 1707, un interesante ejemplo de una de las obras clave sobre estudios filológicos en lo referente a las raíces lingüísticas celtas de Europa. Hoy en día muchos de los argumentos arqueolingüísticos.

Más adelante, en el apartado dedicado a la investigación en Gran Bretaña, veremos con más detenimiento como se desarrolló ésta.

Todos estos personajes fueron clave a la hora de entender el desarrollo de la disciplina arqueológica en Europa durante el siglo XIX, pero para el caso español serán mucho más relevantes las aportaciones alemanas (incluyendo al grupo escandinavo) o francesa, ya que Inglaterra se mantenía muy alejada de cualquier contacto político o académico.

I.3.2.- Difusionismo y evolucionismo: Oscar Montelius.

Durante el siglo XIX el evolucionismo arraigó fuertemente en ciertos círculos académicos determinando una visión de las sociedades primitivas y su desarrollo. Esta corriente de pensamiento caló profundamente en el mundo anglosajón, teniendo un rápido salto a la antropología norteamericana. Sin embargo no consiguió tomar un papel predominante en el pensamiento centroeuropeo (aunque por supuesto existió y con carácter propio) y su interpretación de la Historia. Algunos investigadores no se separaron del pensamiento tradicional derivado de los paradigmas de la Ilustración, principalmente en el área escandinava, y los que asumieron ciertos elementos procedentes del evolucionismo lo acabaron engrosando las filas del difusionismo que asentó con fuerza sus teorías explicativas sobre los procesos por los cuales el ser humano se encontraba donde se encontraba y justificaba igualmente la primacía de ciertas zonas y pueblos sobre otros.

Trataremos de acercarnos primeramente al evolucionismo que, aunque no causó impacto directo en el panorama español, sí lo hizo de forma indirecta a través de otros autores (Childe, etc.) y de sus aportaciones al difusionismo.

Durante el siglo XVIII se desarrollaron una arqueología y una antropología de carácter pre-industrial que se centraron en los procesos de cambio y desarrollo de las sociedades llamadas "primitivas". La comparación entre estas y las sociedades europeas del momento produjo una disociación clara y muy marcada para los investigadores de la época; "ellos" no son "nosotros".

Sus estudios, basados en la observación del nivel tecnológico y los medios de subsistencia produjeron la invención de las llamadas "sociedades simples" (Stocking, 1987: 144-185). Se producen también en este momento algunas explicaciones por parte de estos pensadores ilustrados del siglo XVIII, destacando principalmente algunos de la academia escocesa, que especulaban sobre el proceso por el cual se producía el progreso humano. Entre los nombres más significativos están dos que ya he nombrado en este trabajo, William Robertson Smith (1712 – 1793) y Thomas Malthus, los cuales desarrollaron teorías en las que relacionaban el progreso tecnológico y población.

Sin embargo, durante el auge del evolucionismo a lo largo del siglo XIX, estas ideas fueron reconvertidas, emergiendo una teoría social y antropológica paralela a los planteamientos evolucionistas de Darwin y Huxley.

Será en el campo de la antropología donde mayor influencia y propagación alcance esta corriente, aunque afectará a todos los ámbitos incluido el arqueológico. Durante este primer evolucionismo surgirán algunos de los más importantes investigadores de esta disciplina y muchos de los términos y conceptos que todavía hoy se manejan en antropología o arqueología.

Muchos fueron los investigadores que participaron de este movimiento, pero si hay que elegir a los tres más significativos esos serán sin duda Herbert Spencer, Lewis Henry Morgan y E.B. Taylor.

Herbert Spencer desarrolló el concepto de "complejidad" en lo referente a sociedades, término básico para entender los estadios sobre los que se evalúa el proceso evolutivo en una sociedad o grupo humano. Sus estudios, desde el campo de la antropología social, se centraron principalmente en los pueblos aborígenes australianos (Spencer, 1901; Spencer y Gillen, 1899). Fue un hombre influido por la mentalidad colonialista reinante en su sociedad (Trigger, 1984) y en especial por el darwinismo más ortodoxo. Sus aportaciones en cuanto a los estudios sociales fueron muy interesantes, destacando principalmente la creación de conceptos complejos como la "homogeneidad incoherente" o la "heterogeneidad coherente" (Sanderson, 1992: 31).

Lewis Henry Morgan, antropólogo norteamericano, influirá decisivamente en el pensamiento marxista. Su trabajo se centró en la estructura social y sus bases, entendiendo estas como "intragrupos". En este sentido su trabajo más famoso será el análisis de la familia, la propiedad privada y el estado (Morgan, 1877), inspirando directamente la obra clave de Engels (1832).

Por último E.B. Tylor, antropólogo de la Universidad de Oxford, supone otro de los puntales de esta corriente y sus obras repercutieron claramente en muchos investigadores, también recogido por Engels en su obra, siendo sus estudios sobre la religión en los pueblos primitivos un referente constante (Marx y Engels, 1957).

Podríamos nombrar igualmente a Main, Bachofen, McLennan, o a los arqueólogos Lubbock o Pitt-Rivers como exponentes de esta corriente, la más importante en el ámbito anglosajón pero difundida de forma muy diluida entre la academia arqueológica centroeuropea.

Como muy bien señala Trigger (1992: 147) fueron estos mismos autores los que, como muchos otros darwinistas, comenzaron a abandonar los planteamientos ilustrados de unidad e igualdad y comienzan a tratar a los pueblos nativos de las colonias como biológicamente inferiores a los europeos. Este cambio, producido principalmente por un estrés de las clases acomodadas y las burguesías desde 1860 se incrementará durante los años 80, tendiendo a desechar las doctrinas del progreso y a concebir a las sociedades como resistentes al cambio, en contra de los planteamientos de la Ilustración.

El tránsito hacia el difusionismo y su sistematización fue gradual y en buena parte tomando como punto de partida ciertas posturas evolucionistas. El auge de los nacionalismos de finales del XIX traía consigo una serie de preceptos étnicos, culturales, biológicos e históricos que fomentaban y justificaban la separación entre las naciones y su coherencia interna. Se fomentaba la unidad nacional argumentando que sus miembros son biológicamente diferentes y que su patrimonio biológico es común (nacional), determinando un comportamiento y cultura racial cuyo hecho diferencial es inmutable.

El difusionismo aparece entre el muy potenciado campo de la antropología y la etnología en principio (área muy desarrollada por las potencias coloniales) y su máximo exponente en esta disciplina será Friedrich Ratzel (1844 – 1901). Geógrafo y etnólogo, Ratzel representa el escepticismo sobre el concepto de "desarrollo independiente", ya que se creía que era improbable que ciertas invenciones básicas pudieran haber tenido lugar más de una vez a lo largo de la Historia. En su obra más famosa *The History of Mankind* (original en alemán, traducido por Butler, A.J.) (1896 – 1898), Ratzel afirma que los conceptos de invención y difusión son procesos caprichosos (…"*capricious processes*" 1896 – 1898: 56), por lo que centrar el foco original de la invención es difícil.

El evolucionismo dio paso en muchos lugares a un hiperdifusionismo cuyos presupuestos se basaban tres puntos básicos (Trigger, 1992: 148):

1. - Que para la mayoría de los seres humanos el estado primitivo es el natural y que si no fuera por las clases gobernantes tenderían a retornar a su estado salvaje.

2. - Que los salvajes son incapaces de inventar.

3. - Que el desarrollo de la civilización es un accidente y que la religión es un factor básico para la promoción y extensión del proceso civilizador.

El interés por la distribución geográfica tanto de los hallazgos arqueológicos como de la recreación de los datos de las fuentes clásicas, así como el gran desarrollo de la cronología comparada hizo derivar a la arqueología de aquel momento hacia una recreación principalmente de los periodos del Bronce y Hierro en Europa.

Este cambio y la presentación de la aplicación de los postulados difusionistas, así como de una cronología bien desarrollada sucederá con la aparición de los trabajos del investigador sueco Gustav Oscar Montelius (1843 – 1921) [Fig. 5].

Hombre de formación en las ciencias naturales, participó de los intereses y planteamientos de Thomsen y Worsaae por la datación cronológica. Desde el principio se interesó por los procesos históricos, y en particular por la Arqueología, interés que se vio acrecentado y fomentado gracias a su trabajo en el Museo Histórico estatal de Estocolmo en 1863. Montelius entendió muy bien lo que Thomsen intentaba hacer con su sistema, pero aplicó ciertos medios que su antecesor no había podido disfrutar, como el crecimiento espectacular de las comunicaciones por Europa. Montelius debió de pasar gran parte de su tiempo viajando por el continente, como atestigua su conocimiento directo de colecciones desde Praga a París, Polonia, Grecia, Inglaterra, etc.

Figura 5:
Oscar Montelius fue uno de los primeros sistematizadores del método arqueológico y una de las mayores influencias de principios de siglo.
Foto: Trigger (1992).

Se convierte así en el primer sistematizador de la prehistoria de europea y adquiere una visión de conjunto que nadie había conseguido hasta el momento.

Gracias a estos conocimientos Montelius pudo construir, sobre la base del sistema de Thomsen, un método de datación tipológica mucho más ajustado y completo. Su intención no fue solo la de conseguir series cronológicas, sino determinar qué relaciones existían entre unos objetos y otros, y entre los grupos humanos que los produjeron.

El método ideado para realizar esta tarea contemplaba recoger los elementos procedentes de conjuntos cerrados, lo que le permitiría determinar cuales de ellos estaban relacionados, y correlacionar así mediante el análisis formal y decorativo toda una serie de cronologías que había antes delimitado por regiones (Renfrew, 1973: 36 – 37).

El resultado de estos estudios fue una serie cronológica de una calidad hasta el momento inédita. Sin embargo, y aunque Montelius vio una serie de tendencias evolucionistas en muchos casos, no todos sus modelos fueron unilineales, sino que señaló ramificaciones y convergencias en diversos tipos de objetos. Su pensamiento contenía algunos conceptos del evolucionismo, estableciendo incluso algunos paralelos entre la evolución biológica y la de los objetos de cultura material, pero fue principalmente el primer sistematizador del difusionismo en arqueología (Montelius, 1899, 1903).

Muy en la línea de la arqueología escandinava no acusó demasiado el empuje darwinista, conservando el espíritu ilustrado en el que la razón juega un papel primordial en el desarrollo de las sociedades. Al plantearse el origen de la cultura occidental, la influencia de los presupuestos manejados por Ratzel y quizá también por el hiperdifusionista Elliot Smith, le llevaron a establecer un modelo, siguiendo su cronología, en el que se podía seguir la pista de los orígenes del desarrollo cultural en Europa hasta el Próximo Oriente (momento desde el cual se convierte en el iniciador de la escuela llamada de *ex oriente lux*).

Ya en los años 80 Montelius había desarrollado su método hasta dividir la prehistoria en seis periodos para la Edad del Bronce, y en la década siguiente había conseguido distinguir otros cuatro para el Neolítico y diez para el Hierro (Trigger, 1992:154). La cronología de Montelius pasó instantáneamente al mundo alemán (del que los escandinavos eran una especie de periferia) y rápidamente al resto de Europa. Muchas fueron las críticas contra las conclusiones del trabajo (principalmente al de 1899, *Der Orient und Europa*, que no he podido consultar directamente por ser un ejemplar muy escaso en las bibliotecas europeas), pero el peso de la cronología creada por él era irrefutable por el momento. La verdadera objeción a su planteamiento era que la civilización se hubiera originado en Oriente, cosa inadmisible para investigadores como alemanes que mantenían que la civilización micénica era una consecuencia de la invasión "aria" procedente de tierras germanas.

La influencia en otros investigadores y formas de entender la prehistoria fue clara, como atestigua la obra de Salomón Reinach *Le Mirage Oriental* (1893), en la que aunque con ciertas oposiciones se asume el orientalismo y la difusión como teoría explicativa.

Los aportes de Montelius serán decisivos en autores como V.G.Childe, Kossina, Evans, y en la historiografía española a donde llagarán como valores asumidos e incuestionables y que todavía hoy se mantienen en muchos casos soterrados en el discurso arqueológico.

Se podría decir que lo que hemos estado observando hasta ahora es el marco social europeo en el que se definirán las dos grandes líneas que van a marcar la arqueología del siglo XIX y gran parte del XX. Por un lado la formación del círculo académico anglosajón, muy influenciado por el evolucionismo darwiniano, que se irá construyendo sobre las bases del anticuarismo cultivado desarrollado por hombres como Lubbock o Pitt-Rivers, y una fuerte influencia de la antropología británica (Tylor) y sobre todo americana (Spencer, Morgan, ...). Todo esto se enmarcará en un concepto de la Arqueología mucho más amplio que en los demás casos. Arqueología será para los británicos una disciplina, más que una técnica, dando primacía al aspecto interpretativo desde sus presupuestos como tal que al centrarse en uno u otro periodo histórico. Es esta quizá la razón por la que todavía hoy se denominan a los departamentos universitarios con este nombre, Arqueología, en el ámbito británico, en vez de su adscripción temporal.

Por el contrario la academia franco-germana, que será la que más nos interese en este caso, debe su conformación a una serie de elementos variados con desarrollos paralelos. Partiendo de los presupuestos filosóficos hegelianos, como base de todos los estudios, encontraremos una serie de estudios que tomarán elementos de la etnología (cuyo mejor exponente será quizá Ratzel), de la filología, tanto alemana (Fick, Windisch, etc.) como francesa (de Saussure), así como de los arqueólogos surgidos del coleccionismo y anticuarismo, cuyo representante más importante será Oscar Montelius.

Esta academia se caracterizará principalmente por la aplicación de los modelos difusionistas, tendentes a la aplicación de explicaciones del cambio basadas en movimientos de población e invasiones. En esta línea será el término Prehistoria el que cargue el peso de la disciplina, convirtiendo a la arqueología en una técnica, siendo el periodo el que tiene interés y peso argumental. Todavía hoy se conservan las denominaciones de los diferentes departamentos universitarios como de Prehistoria, Historia Antigua, etc., en los países que han crecido bajo este influjo.

Estas dos tendencias no serán impermeables la una a la otra, aunque sus influencias mutuas no son grandes y los representantes de unas en el campo de otras tampoco. Coincidirán en cierto modo con las alineaciones políticas de los bloques que formarán Europa y sus áreas de influencia política.

I.3.3.- El caso francés.

La producción de literatura especializada sobre el tema céltico en Francia fue muy amplia durante finales del XIX y principios del XX, coincidiendo con una construcción de la identidad sobre una etnicidad gala que se desarrolla en estos años. Siguiendo los pasos de una tradición académica muy desarrollada en todo lo referente a las colonias y a los estudios orientales y mediterráneos, la arqueología había desarrollado en Francia un corpus profesional amplio y una completa metodología (Gran-Aymerich, 1998).

Desde muy temprano los monarcas y nobles franceses centraron su atención en el pasado mítico céltico como punto de partida sobre el que referenciar unos valores étnicos franceses. A mediados del siglo XIX, una vez sobrepasados los intereses por encontrar líneas comunes con los antiguos héroes troyanos o griegos, la magnificación de unos elementos con un carácter propio, una tecnología y un arte bien caracterizados, una sociedad compleja de reconocidos valores en las fuentes clásicas y, sobre todo, geográficamente establecidos en territorio francés, hizo de la arqueología de los celtas un foco de atención académica y política.

Los galos nunca habían sido abandonados en la historiografía francesa desde que fueran convertidos en el Renacimiento en paradigma de valor, fuerza y fiereza, replicando los adjetivos tantas veces relatados por los romanos en la descripción de estos pueblos. Sin embargo retoman el protagonismo en la primacía del interés de los historiadores al tiempo que en otros lugares de Europa surgen nacionalismos basados claramente en estos pueblos. Es muy representativo el caso irlandés, el cual bajo las presiones políticas británicas desarrolla un corpus argumental nacional céltico que influirá y, a su vez, será influido por los historiadores franceses. Los ciclos mitológicos, los primeros escritos de las sociedades protocristianas de los siglos V al VIII d. E. y las leyendas tradicionales tanto irlandesas como escocesas y galesas, proporcionaron una buena base de estudio para los celtistas del momento. El mejor ejemplo de esto será d´Arbois de Jubainville, el primer gran sistematizador de una "arqueología" erudita sobre los celtas más allá de las fronteras francesas, escribiendo sobre las etnias antiguas de Europa y sobre sociedades como las irlandesas o los grupos celtas en España (1872, 1890).

Henri d´Arbois de Jubainville fue uno de los padres de la protohistoria actual. Estudió entre otros lugares en el Collège Royal du Nancy, donde fue discípulo del profesor Vincent Joguet, con el cual trabajó y trabó al parecer una gran amistad. Sus estudios de Historia en Nancy le proporcionaron un amplio conocimiento principalmente en fuentes clásicas, epigrafía y sobre todo una formación arqueológica muy basada en la filología, que era la que se hacía en el momento. No sabemos mucho más de los detalles de su vida, aunque sí sobre su trayectoria de trabajo, teniendo una muy estrecha relación con España, hasta el punto de ser Académico de la Historia por lo menos desde 1900. Sin embargo, sobre su trayectoria en España volveremos más tarde, en el capítulo II al hablar más detenidamente de sus trabajos sobre los pueblos célticos de la Península Ibérica.

La obra clave del pensamiento de d´Arbois fue publicada en 1889 y se tituló *Les Premiers Habitants de l´Europe*. En ella hará una revisión con profundidad y con una argumentación de gran densidad de cómo, cuando y por qué aparecen en Europa los diferentes grupos étnicos, comenzando con los indoeuropeos a los que relaciona claramente con los celtas. Sus ideas quedarán fijadas en esta obra y se repetirán en posteriores publicaciones con mínimas variaciones (1902).

La línea discursiva tendrá una clara intencionalidad, la de caracterizar y contextualizar a los galos (celtas en general) dentro del panorama europeo, analizando sus orígenes, su "civilización" y sobre todo sus características étnicas, enlazándolas con las de los pueblos "arios" como mejor y más firme y nobiliario antecedente étnico.

Los pueblos indoeuropeos son descritos con gran detalle y una amplia base filológica que, en aquel momento es el 80% del conocimiento que se tenía de ellos, ya que la asimilación a restos arqueológicos era demasiado endeble.

D´Arbois fijará su origen hacia el 2500 a. E. en la zona del Oriente Medio, siendo para él los asentamientos más antiguos los de Buchara y Samarkanda, cerca de los supuestos límites con las culturas del Indo. Una de las primeras cuestiones que remarca es la del carácter expansionista de estos pueblos, explicación de por qué se difundió la lengua por Europa y una de las asunciones más comunes al "carácter céltico". Así se justifica igualmente poder tratar las lenguas europeas como un todo cuyo nexo común será ese grupo indoeuropeo que contrasta como "cultura de referencia" con el resto de lenguas y culturas anteriores que quedarán, según d´Arbois, aculturadas por el impacto "civilizador" indoeuropeo.

El repaso lingüístico a los orígenes indoeuropeos es impresionante, recogiendo obras de filólogos, principalmente alemanes y algunos franceses. La amplísima bibliografía alemana generada en estos años sobre la cuestión indoeuropea (aria), ofrece una base sólida sobre la que argumentar ese nexo paneuropeo liderado por pre-celtas y celtas (léase alemanes y franceses) mediante referencias a numerosos autores hoy apenas conocidos y, más comúnmente, a otros como Fick (1873), Schade (1856) o F. De Saussure (1871).

D´Arbois plantea el problema de los indoeuropeos asumiendo casi al pie de la letra el trabajo de M. Fick (1873) *Die Chemalige Spracheinheit der Indogermanen Europas*, donde caracteriza a los indoeuropeos como habitantes de la zona entre el Indo y el Mar Caspio, que ya se denominarían a sí mismos "arios" (arya), que querría decir "fiel", "entregado", pero que tendría el valor de "puro" tal y como parece explicarlo Fick.

Sobre las teorías de Fick y otros lingüistas, d´Arbois reconstruye los movimientos mediante los cuales se expandieron estas gentes por Europa, siendo los primeros (los primigenios) emigrantes los asentados tras la primera migración entre el Báltico por el Norte, el Rhin por el Oeste, el Danubio por el Sur y el Dnieper y Niemen por el Este. La frontera del Rhin es muy importante pues separa a estos de los iberos (a los cuales nombra como fronterizos), que según él serían los habitantes primeros de esta zona junto con illyrios, tracios y ligures. Estas gentes se suponen muy desarrolladas tecnológica y socialmente, ya que las raíces de las palabras analizadas contienen referentes de aquel entonces, a la agricultura, ganadería, metalurgia y estructuras sociales como la idea de "monarquía" y de "ciudad", como opuesto a extranjero.

Este sustrato dará lugar, a partir del 2000 a. E. a una gran comunidad lingüística y cultural que se desarrollará hasta dar como resultado la nación céltica (*Nation Celtique*), concepto que rápidamente calará en los autores del momento ávidos de megaloteorias.

La referencia a los celtas a través de d´Arbois nos llega ya como esa nación gestada en los lazos comunes ario-indoeuropeos básicamente desplegados por la fachada atlántica europea. La primera cuestión que hay que asegurar es que la justificación lingüística sea fiable, con lo que realizará un completo análisis de los restos lingüísticos, principalmente de los sustantivos (topónimos, antropónimos) como *dûno -n , -briga, -dûros, mag -ós;* pero también en la adjetivación como los *nóvio –os*; y los diptongos, principalmente *-ei* por su conexión con los indoeuropeos en ç céltica. La importancia de estos datos lingüísticos se basa en que será a través de ellos que pueda establecer, por ejemplo con los *–briga y -dûros*, elementos de diferenciación étnica para adscribir ciertos pueblos, como los celtíberos, a la "nación céltica".

La base primordial para recoger las localizaciones será la obra de Desjardins, tanto en su *Geographie de la Gaule d´aprés la Table de Peutinger*, como la *Geographie Historique et Administrative de la Gaule Romaine*, la obra de Lognon *Atlas Historique de la France*, y todas la referencias a fuentes clásicas empezando por César (*De Bello Gallico*), Ptolomeo, Estrabón, Plinio, Avieno, Apiano, Diodoro, Plutarco e incluso el Itinerario Antonino.

Pero es interesante ver algunas obras de autores anglosajones entre ellas, como *The Celts, Roman and Saxons*, de Thomas Wright, o *The Origin and History of Irish Names and Places* de P.W. Joyce; pero desde luego no podían faltar las lecturas de Mommsen.

Sin embargo, la supuesta conquista de las islas británicas será justificada siguiendo a Reinach, aunque sin citar una obra concreta suya, argumentando que su llegada tuvo que ser en época homérica (950 – 800 a. E.), después de la caída de la "p" intervocálica. Más bien parece que intuye una presencia celta en las islas, y sobre todo Irlanda, la "joya virgen del celtismo", que se ve apoyada por la descripción de César de los belgas en Albión, pero que es necesario que sea mucho anterior, aunque las fuentes no digan nada de ello, para quedar coherente con su argumentación.

El foco regente, por llamarlo de alguna forma, del celtismo europeo, su epicentro, estaría situado entre el Sena y el Loira y la parte septentrional de Garona. La expansión llegará más tarde con los belgas (sobre el texto de César), creando un estado paneuropeo. En este panorama europeo encontramos una primera referencia a los celtíberos, denominándolos como pueblo celta y atribuyendo los primeros asentamientos a pelendones, lusitanos y vacceos.

El concepto de "nación céltica" está ampliamente desarrollado sobre la base de la lingüística y las fuentes, describiendo multitud de aspectos de la vida como el arte de la guerra, hábitat, geografía, mobiliario, medicina, religión, etc., dándole mucha importancia siempre a las relaciones entre celtas y germanos. Esta "nación céltica" tendrá como nexo común la lengua y se habría gestado ya con los indoeuropeos de los que son directos descendientes.

Desde la Península Ibérica hasta las islas británicas, del norte de Italia y Grecia hasta las tierras del norte de Francia y Bélgica, se extenderían sus dominios. Durante los siglos V / IV a. E. a esa nación se le conoció un mítico rey, Ambicatus, a través de los textos de Diodoro de Halicarnaso principalmente. D´Arbois seguirá sus indicaciones para trazar el perfil del estado de los celtas que para él, tendrá un carácter perfectamente estatal y expansionista:

...A l'epoque de l'invasión des Celtes en Italie, le regime monarchique avait prevalu chez eux: Ambicatus, ou mieux Ambicatus était roi du Celticum...(1889: 301).

Su reino correspondería, a sus entender, más a la gran céltica descrita por Diodoro y otros geógrafos griegos, que a la ...*petite Celtique*...(1889: 301) de Julio Cesar. Esta gran *oikomene* céltica estaría motivada por sus valores intrínsecos, su lengua común y una necesidad de aliarse contra griegos, cartagineses, etruscos e ilirios. Sin embargo los celtas no pueden llevarse mal con todos sus vecinos, sobre todo por que la cercanía cultural y el tronco común crean una unión muy especial con los germanos (las implicaciones políticas están muy claras). Entre ellos establece una relación de respeto y de cierta buena relación. Estando divididos sus territorios por el Rhin, unos ocupará la margen izquierda y los otros la derecha, pero, como aclaración por si alguien se cuestionara cual de los dos pueblos era más preeminente añade una pequeña coletilla: ..*les germains sujets des Celtes* (1889: 303).

Para reconstruir la estructura de este "Estado" recurrirá a un modelo bien conocido en las fuentes clásicas irlandesas de los siglos VI a VIII d. E. como son los *Túath*. Esta institución de carácter administrativo y geográfico según las fuentes de las primeras sociedades cristianas irlandesas (Patterson, 1994; Lucas, 1992; Kelly, 1988) sirve para extrapolar el sistema a una macroestructura europea.

La estructura estatal se justifica como representativa del mundo celta argumentando que correspondería a la de los celtas goidélicos al invadir las islas y llevar la lengua hacia el año 1000 a. E., siendo por lo tanto los ...*ancêtres des Irlandais* (1889: 303), y en consecuencia expondría la estructura original de estos pueblos que de otra forma no conservaríamos.

Este argumento casa muy bien con la organización social supuesta para los grupos celtas. La unidad política o *Tuatha* se compone por *tuath* (inferencia directa del modelo irlandés). Estos sobrevivirán tras el periodo normando incluso, representando espacios arraigados en la cultura y creencias de la zona. Estas parcelaciones y límites políticos culturales y geográficos son recogidos en *el Crith Gablach*, una parte de los *Uraicecht Becc* o textos legales de la región sudoeste, principalmente Munster (Kelly, 1988), puestos por escrito entre el s. V y VII d. E.

En estos textos se expone la división de los reyes en la Irlanda de las primeras comunidades cristianas (siglos IV, V o VI d. E.) y sus categorías. De ahí salen las asociaciones de d´Arbois. En lo más alto del poder estarían el *Rí ruirerch*, que sería un rey con reyes vasallos, luego el *Rí buiden*, que dominaría varios *tuath*, y por último los *Rí túaithe*, o reyes de un *tuath* (Patterson, 1994: 196-197) Sin embargo lo que d´Arbois no tiene en cuenta es la regionalidad y especificidad de la evidencia que exponen estos textos, extrapolándola al conjunto de Europa [Cuadro 2].

Igualmente estos peldaños de la estructura piramidal se regirían por asambleas

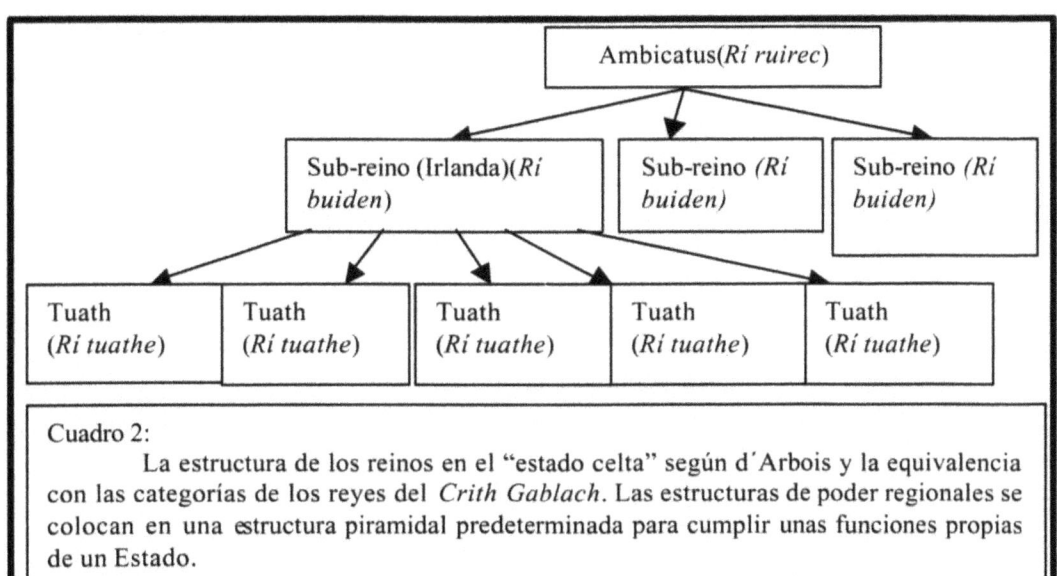

Cuadro 2:
La estructura de los reinos en el "estado celta" según d´Arbois y la equivalencia con las categorías de los reyes del *Crith Gablach*. Las estructuras de poder regionales se colocan en una estructura piramidal predeterminada para cumplir unas funciones propias de un Estado.

a diferentes niveles, siguiendo el estilo relatado por Tácito para los germanos, de forma que aparece descrita como una especie de democracia bárbara.

Con d´Arbois ha quedado centrada la caracterización de esos celtas que hoy consumimos y que heredamos en su base última de esta creación de fines del XIX. Esta reconstrucción se basará en dos puntos básicos, la inferencia de la lingüística al campo de lo social y la ordenación de los testimonios de las fuentes tomados de forma bastante arbitraria.

El concepto de los celtas o galos, aunque generalmente d´Arbois se refiere a ellos como celtas y solo en ocasiones concretas como galos (D´Arbois, 1872: 457), definido en sus obras, marcará claramente una época en la historiografía y sus obras serán muy leídas por los estudiosos de toda Europa, especialmente en España. Como veremos más tarde muchas de sus ideas y planteamientos serán asumidos como ciertos directamente y otros darán mucho de que hablar, apareciendo repetidas veces en la bibliografía de obras de investigadores franceses, españoles y alemanes (aunque estos solían tener la costumbre de leerse solo entre ellos y pocas veces a los extranjeros).

D´Arbois aporta, además de una visión amplia y detallista del mundo céltico, una opción ante la interpretación hasta entonces más aceptada, que había sido la de Thierry (1828) basándose en la lectura de César y que no coincidía con las áreas nucleares de La Tène y los celtas históricos (Pare, 1991). Sus planteamientos tendrán mucha importancia en autores como Reinach (1892) que asumirá un panorama básicamente similar pero haciendo hincapié en la estructura de "estado" formado que implica el término "celta" como concepto étnico, cultural y político.

Pero la más importante influencia, por la repercusión que a su vez supuso la obra magna *Manuel d´Archéologie Prehistorique, Céltique et Galo Romaine* (1911 – 1914) fue en Joseph Déchelette.

Si nos atenemos al estricto eje temporal la obra de Georges Dottin, *Manuel pour Servir à l´Etude de l´Antiquité Celtique* (1906) será la siguiente aparición de importancia en la literatura académica francesa, pero este mismo autor, tras la gran obra de Déchelette, reeditará esta ampliándola y reconsiderando algunos de sus puntos de vista (Dottin, 1915). De esta forma, y aunque correspondiera ahora tratar a Dottin, es interesante dejar paso a la obra de Déchelette por la significación para el futuro de la investigación que esta tuvo y tratar así a los autores de forma más completa.

Los estudios sobre los galos y celtas se sucedían desde mediados del siglo pasado (Belloguet, 1858), preparando una entrada al siglo XX repleta de estudios de las grandes regiones (Bertrand y Reinach, 1894), hipótesis sobre la forma y estructura social o costumbres según la interpretación de las fuentes y un creciente interés sobre las representaciones artísticas y los objetos característicos de esta cultura (Bertrand, 1889). Sin embargo todos estos trabajos serán recopilaciones más o menos originales de datos de fuentes y objetos, adoleciendo en cierta forma de un sistematismo y de la elaboración de una teoría de gran alcance, que será la mayor aportación de Déchelette.

Todos ellos y sus argumentos serán recogidos por él en su monumental obra de cuatro volúmenes (1911-1914), de la cual no llegó a ver publicado el último. Las circunstancias de la historia hicieron que la vida de Joseph Déchelette (1862 – 1914)[Fig. 6] no fuera demasiado larga, privándonos de obras posteriores a esta última. En 1914 estalló la Primera Guerra Mundial y Déchelette se ve involucrado en ella defendiendo a Francia en el frente del Este. El 3 de octubre de ese año se encontraba guiando la contraofensiva en el frente de *l´Aisue*, encabezando un batallón de infantería, cuando fueron barridos por la artillería enemiga. Malherido, fue internado en la enfermería donde murió esa misma noche. Aquel año su necrológica será escrita en una revista catalana por un gran admirador suyo. Un joven investigador español que se convertiría en la década de los treinta en punto ineludible para hablar de arqueología y política española, Pedro Bosh Gimpera (1915-16).

Tras de sí dejó una paradigmática obra de síntesis sobre el conocimiento y concepto de la arqueología prehistórica, protohistórica y antigua de la época, sentando el conocimiento hasta el momento y que marca el inicio de la investigación en el siglo XX. Esto se hace más palpable en el caso de la

Edad del Hierro y el mundo celta galo-romano, ya que también fue un tema sobre el cual el autor más había trabajado.

Figura 6:
Joseph Déchelette (1962-1914) en una foto recogida para la publicación de su obra póstuma, el IV volumen de su *Manuel d'Archéologie Prehistorique, Céltique et Galo Romaine* (1914) por Grenier.

En sus libros segundo y tercero de la tetralogía que compone su gran obra tratará el tema de los celtas y el sustrato pre–celta en Europa.

Siguiendo a los textos clásicos y las obras de Desjardins, Bertrand (1889), Reinach (1892) y principalmente d´Arbois (1889), aborda la composición étnica de las poblaciones pre – célticas europeas. Tal y como recogen las fuentes clásicas, haciendo referencia a pasajes de Posidonio, Eratostenes, Hecateo, Scylax, Avieno, Estrabon y Diodoro Sículo, estos pueblos serían ligures e iberos, y estarían bien caracterizados por sus costumbres y cultura material. Estos pueblos asentados desde la Edad del Bronce tendrían ya una cultura desarrollada de la cual podrían los celtas adoptar muchos elementos. Déchelette será el mayor defensor de la hipótesis de los ligures como base pre - celta, que se adoptará en la Península Ibérica con prontitud y no será desbancada hasta bien entrado el siglo XX. En este aspecto, reproduce la interpretación de d´Arbois fielmente, justificando las raíces lingüísticas mediante los estudios de Fick (1873) detallados por el mismo d´Arbois. La zona ligur se repartiría en regiones de las cuales la mayoría estaría en Francia y en España solo en las zonas de interior no dominadas por los iberos. La documentación para hablar de la Península Ibérica se basó en las lecturas de Cartailhac (1880), Hübner (1883) y Siret (1893). Los contactos principales siempre volverán al Mediterráneo, y las principales influencias en estos pueblos serían las de Egipto, Creta o Grecia y sus restos materiales rastreables las guías para una datación cronológica comparada.

Otra de las aportaciones de Déchelette fue la consideración de la migración como algo sistemático y programado en el carácter de los pueblos celtas, constituyendo una necesidad cultural. Según las fuentes antiguas, Hecateo de Mileto, Festo Avieno o Herodoto, en un momento que coincidiría con el periodo del Hallstatt C y D, entre el 900 y el 500 a. E. se desarrollarían las primeras grandes comunidades celtas y sus movimientos por Europa. Esta datación aproximada se apoyaría también en los análisis lingüísticos, distinguiendo vagamente varios momentos que comenzarían con los nombres de *celtas* para las más antiguas referencias y de *gálatas* a partir del siglo III a. E. También recoge la preocupación por delimitar las diferencias entre germanos y galos, analizando el primer texto donde aparece definida la Galia (Catón, Orígenes II, 34.) hacia mediados del siglo II a. E., en la línea de los trabajos de d´Arbois. Toma de la reciente obra de Dinan (1911) el concepto de la plena estructuración de la etnicidad celta hacia el siglo IV, apoyándose en también en el mito de la pancéltica de Ambicatus sobre la que volveremos después [Cuadro 3].

Los pueblos celtas para Déchelette tendrán un fuerte componente mediterráneo que no se había fomentado hasta entonces, trazando una línea de contacto desde el Mediterráneo oriental hacia Iberia y Galia, de allí con Cornualles e Irlanda (basándose en la mitología irlandesa estudiada por d´Arbois, principalmente en el *Lebor Gablach*) (D´Arbois, 1981), las costas del Mar del Norte y del Báltico. Defenderá una creación del un estado céltico de carácter muy ecléctico, remarcando las vías de comunicación y comercio y las influencias de otras culturas.

tarde todos habrían asumido el concepto de invasión, aunque luego se suavizara como en las tesis de Almagro Basch, llegando a nuestros días como simples "influjos", "aculturaciones", o aportes de "población".

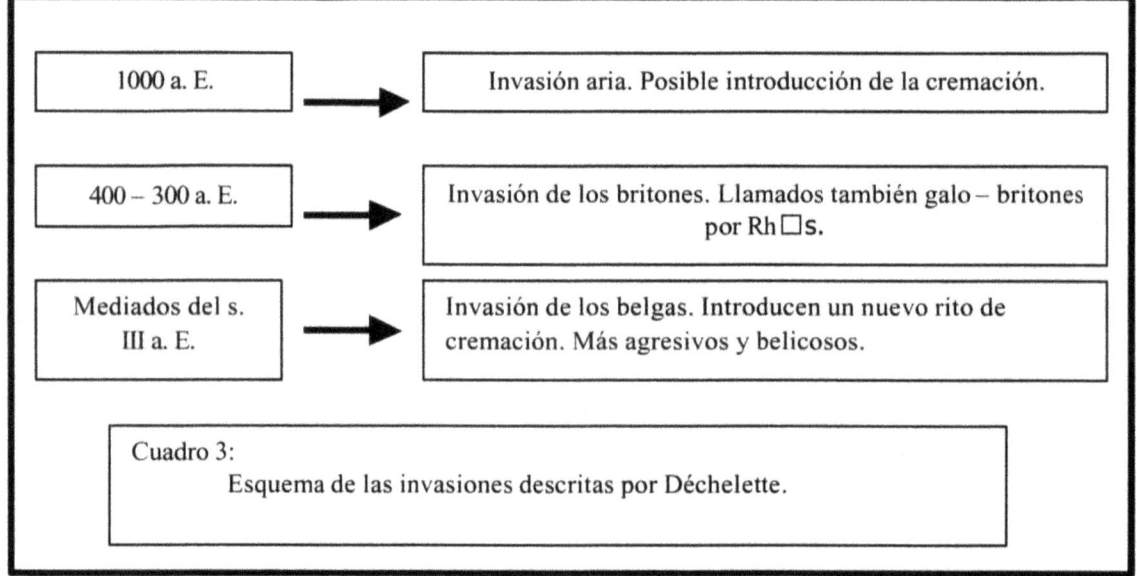

Cuadro 3: Esquema de las invasiones descritas por Déchelette.

Por la vía continental seguirá, unas veces con mas fidelidad y otras alterándolas, las rutas marcadas por las fuentes en el centro de Europa, que plantea que se comienzan a utilizar desde su Bronce II (hacia el 2000 a. E.). Estas rutas unirían el norte del Adriático con Escandinavia a través del *Noricum*, los valles del Moldava y del Elba (siguiendo a Herodoto) y por el Danubio en ambas direcciones (aunque no estrictamente como proponen el Pseudo-Scilax o Aristóteles).

Esta visón de aporte cultural responde a la mayor cantidad y calidad de hallazgos que ya entonces existían y relacionaban a Centroeuropa con Etruria, Grecia y otros lugares del Mediterráneo.

Sobre esta base de pueblos del Hallstatt interrelacionados y de carácter étnico afín, se desarrolla un estado expansionista y conquistador que en varias oleadas compondrá un imperio céltico. Aquí nace la verdadera argumentación y sistematización de la teoría de las oleadas de invasiones que, aunque basada en autores anteriores, es mediante Déchelette que llega a calar profundamente en la investigación hasta nuestros días. Estas oleadas se verán luego en todos los autores españoles más o menos definidas y delimitadas y asociadas con unos u otros pueblos, pero su puntal en la arqueología española será Pedro Bosch Gimpera. Más

Para Déchelette las invasiones serán tres, una al final del Hallstatt, otra en el siglo IV a. E. (correspondiendo con el saqueo de Roma descrito por Polibio) y las últimas en el siglo III a. E. Estas invasiones no serían solo un impulso de bandas desorganizadas para hacer *razzias*, sino una política desarrollada por un "Estado" en cuya cultura la guerra tiene una importancia capital. Este Estado tendrá una *caput celtici*, dominada por un rey soberano. Una vez más aparecerá la figura de Ambicatus, argumentando como d´Arbois y apoyándose en el testimonio de Tito Livio sobre un rey de los Bituringos de este nombre.

Será en la primera invasión cuando se apoderen de las islas británicas e Irlanda, en el siglo IX a. E., argumentando para ello que, como dice Reinach (1892: 276), las *Casitérides* como un enclave céltico en la desembocadura del Rhin.

Déchelette se preocupará de la Península Ibérica, de donde tiene información a través de algunos escritos de d´Arbois, Hübner, Cartailhac, y otros investigadores y de su relación con excavadores españoles como el Marqués de Cerralbo, al que agradece en alguna ocasión su información y comentarios sobre sus trabajos (López Jiménez y Díaz, 2002). Sin embargo no tendrá muy claro cual es el panorama arqueológico al sur de los Pirineos. Muchas sepulturas son asociadas al mundo hallstattico, reconociendo dos grupos diferentes. El andaluz, formado por elementos como Herrerías o Alcores, tendría su especificidad derivada del contacto con el mundo fenicio. El grupo meseteño, llamado de la España Central, estaría formado por las necrópolis de Cerralbo y definido mejor en función de las tipologías de la Europa Central.

El aporte de Déchelette fue principalmente la divulgación y fijación de conceptos y teorías hasta el momento dispersas, ya que aunaba en una sola obra todo lo conocido sobre prehistoria y protohistoria del momento, y muchas generaciones han seguido usando su manual. Ideas que se encontraban ya en autores anteriores fueron desarrolladas, retocadas o simplemente transmitidas tal cual, para hacer mella en el pensamiento arqueológico de toda Europa. En el caso estrictamente español, fue conocido de forma general en los años veinte, siendo cita obligada para los arqueólogos desde aquel momento y, todavía hoy, una importante obra de consulta.

La influencia de Déchelette hizo replantearse a Georges Dottin, como habíamos dicho, su primera obra sobre la céltica (1906). Así se rehace su obra más conocida y consultada en España que se vuelve a editar en 1915 con un título similar, *Manuel pour servir a l'étude de l'Antiquité Celtique*. Este profesor de la Universidad de Rennes dota a su obra de un realismo poco común en la época, sobre todo al tratar la vertiente social de la arqueología céltica.

Sus bases bibliográficas se ven aumentadas considerablemente, sumando a las clásicas obras de Belloguet (1858), Reinach (1892) o Bertrand (1894; 1889), las de Déchelette (1911-14), Fustel de Coulanges (1904) o Reinach (1910), sin dejar de ser obra de referencia continua la de d'Arbois (1889) al que sigue en el análisis lingüístico e interpretación de las fuentes. Sus preferencias están muy claras y así lo demuestran las cifras sobre las citas recogidas en su libro, en las cuales el 2% son autores anglosajones, otro 2% de otros países europeos, el 19 % alemanes o escandinavos, y el 77% franceses.

Las ideas de d'Arbois y Déchelette sobre el concepto de celta y su formación influirán decisivamente en él. El termino celta implica una unión lingüística que distingue un carácter, lo que determina la cultura, la etnicidad y, por tanto la religión. Así se definiría la constitución de un *"empire celtique"*, muy basado en cuestión de fuentes, en los escritos de Tito Livio.

Sin embargo este libro tiene un punto de madurez que lo distancia abismalmente del primero. Aquí el autor no se conforma con los resultados de su investigación, consciente de la limitación y el sesgo que suponen los medios sobre los que recomponer el puzzle céltico. Así, añade un apartado de conclusiones muy duro y crítico que, en parte anticipa muchas de las actuales dudas y carencias que hoy reconocemos.

El sesgo de la realidad arqueológica, filológica o de los textos clásicos, la reducida muestra que supone el mundo céltico irlandés, o el riesgo que corremos al considerar como fases sucesivas las diferentes visiones que de estos pueblos han tenido quien escribía sobre ellos, eran puntos flacos que veía necesario reconsiderar. Tampoco la reconstrucción filológica es muy fiable y reconoce que depende en gran parte del estudio de los dialectos de las islas británicas y su comparación con los restos epigráficos o numismáticos.

Esta obra, reescrita en plena Guerra Mundial, refleja un sentimiento que no hará mucha mella en los investigadores posteriores, más apegados al nacionalismo reinante, hasta bastante más tarde. Sin embargo hoy sería un hombre de actualidad, y su crítica histórica de una tremenda franqueza, cuando dice: *"Los hombres de prolífica imaginación, que frecuentemente se obsesionan con la idea de una raza céltica no sabrían encontrar en el caso de los celtas de la Antigüedad un pretexto suficiente para sus investigaciones. ¿Pueden probar a definir lo que pertenecería a los pueblos célticos en el conjunto de pueblos modernos que habitan hoy en países donde antaño habitaron los celtas? Se debería estudiar ese punto de vista no solo con los franceses, sino con los alemanes del sur, austriacos, italianos de la cuenca del Po y los mismos españoles"* (1915: 3).

Es, probablemente, el primer investigador sobre el tema céltico que reconoce una implicación social y política, aunque sea somera, en la forma de hacer literatura sobre el tema. La separación que se comenzaba con la aparición de los primeros arqueólogos desde el anticuarismo y la instauración del método se comienzan a deshacer de la pátina del romanticismo épico, en el que el arqueólogo es un burgués acomodado o un noble excéntrico al que le gustan las antiguas odiseas y el dulzor evocador de repensar esos mundos de leyenda. Dottin se da cuenta de que debe existir un criterio por encima de la especulación, aunque esta esté avalada por los textos clásicos y disfrazada de interpretación.

Es muy curioso ver como se unen todavía en el pensamiento de Dottin los conceptos paneuropeistas de la nación céltica o las inferencias de las evidencias sacadas de las fuentes del mundo clásico o el recurrente modelo irlandés, con la incipiente duda sobre la validez real de estos planteamientos y la aplicación del método histórico a la arqueología (entendida como entonces se hacía).

El elemento francés será clave pues para comprender la formación de los criterios con los que se creará la primera arqueología de los celtíberos. Por una parte hay que reivindicar la gran importancia de los estudios de d´Arbois como sistematizador y generador de las bases argumentales, tanto de la teoría etnico-cultural, que más tarde desarrollaría Kossina, como de la interpretación de las estructuras sociales y políticas de la céltica, tomadas de los modelos creados por los filólogos y arqueólogos alemanes para la germania. Con él, la figura de Déchelette, como gran difusor de las teorías y argumentos de d´Arbois, así como de numerosos planteamientos propios, en uno de los manuales de arqueología más consultados en este siglo.

Por último, será la obra de Dottin la que marcará el inicio de una nueva época en Francia, tras la posguerra. Con ella tenemos una de las últimas referencias que el panorama español de antes de la Guerra Civil tomará del país vecino, cerrando un capítulo básico de la historiografía sobre los estudios célticos desde la visión francesa.

I.3.4.- El caso alemán.

La tradición académica alemana se construyó sobre los valores nacionales, un fuerte sentido patriótico que incluía unos presupuestos raciales muy estrictos y un método enciclopédico lleno de afán sistematizador. La producción arqueológica se encontraba casi monopolizada por los filólogos, cuyos planteamientos difusionistas sobre el proceso de inserción lingüística eran inferidos no sólo en el ámbito de las sociedades antiguas, sino también racial y étnica.

El modelo alemán, aunque no tiene como referente étnico a los pueblos célticos, si construye una identidad nacional sobre los germanos, recreando un esquema que emularán en las regiones "célticas". El caso germánico, como el céltico para el Oeste de Europa, estará apoyado en textos clásicos, principalmente Tácito (*Germania*) y en tradiciones populares de raíces ancestrales (similares a los ciclos irlandeses). La más famosa y representativa de estas será la recopilada en los *Edda*. Estas leyendas tradicionales fueron la inspiración de muchos autores de la época romántica y toman cuerpo principalmente de la mano de Wagner. Basado en la más antigua copia conservada de la historia del "Cantar de los Nibelungos" (1440 – Biblioteca Estatal de Berlin), procedente de estos *Edda*, nacerá su gran obra, la que será orgullo de la nación germana; la tetralogía de "El Anillo del Nibelungo". Esta, como muchas otras obras, entre las que cabe destacar Lohengrin, escrita en plena revolución de 1848, se convertirán en paradigma de la literatura romántica de este siglo.

Como esta, muchas obras servían como refuerzo a los propósitos nacionalistas del romanticismo y post-romanticismo alemán. Otras menos conocidas fueron el "Cantar de Gúdrun" del siglo XIII o los recogidos en el "Códice de Ambrés" del siglo XVI. Todos ellos llenos de leyendas de valor, heroísmo y orgullo de una raza fuerte que predomina sobre las demás.

Estas obras son reflejo de un ambiente intelectual y, a su vez, realimentan la producción de literatura arqueológica que se advertía como un interesante medio para apoyar estas hipótesis y reivindicar históricamente ciertos derechos y privilegios.

De esta época son las famosas y muy citadas obras, en el capítulo dedicado a Francia, de Fick o Windisch en la literatura especializada de la época. Es en estas, especialmente en la de Fick (1873) donde se describe el referente de los arios (arya según lo escriben ellos) como el paradigma del referente cultural y racial asumible como base para el orgulloso y expansivo pueblo alemán. Los arios serán un espejo de valores desprendidos de términos lingüísticos supuestamente remanentes de los pueblos indogermánicos (otro término sí no creado sí divulgado por él y asumido en todo Europa). Estos indogermánicos vendrían a ser lo más puro del grupo indoeuropeo como raza. Los arios, procederían de una zona que Fick sitúa entre los "turanianos" y el Mar Caspio y desde allí se desplazarían hacia el Oeste debido a su carácter expansivo y belicoso (otros dos tópicos que se asumirán unidos al resto de la teoría).

Esta interpretación será seguida por otros filólogos como Schade, Brugmann, Curtius, Meyer o Kluge, y arqueólogos (historiadores del arte o de la antigüedad) tanto alemanes (Pauli, 1891) como franceses (d´Arbois, Déchelette, etc.).

Otra fuente de influencia vendrá desde las arqueologías artística y cientifista. La primera será la generada alrededor del mundo clásico, pero que no tendrá un apoyo institucional importante al dejar de lado el territorio patrio y será un tipo de arqueología colonialista bien representada, por ejemplo, por los trabajos de Winckelman. La segunda aporta el sistematismo clasificatorio escandinavo heredado de Thomsen, Worsae y, sobre todo de Montelius. Los alemanes serán grandes clasificadores, aportando tipologías y series como la de Reinecke (1911) o Menghin (1931-1940). La representación de los evolucionistas, como ya habíamos dicho antes, en Alemania, fue bastante pobre debido al tremendo auge del difusionismo. Tan solo algunos pocos arqueólogos como E. Haeckel mantenían posturas en este sentido.

Todo ello va ha dar como resultado, unido a la promoción cultural fomentada desde instancias oficiales, a la creación de escuelas y grupos de trabajo tendenciosos pero de importancia mundial, y como figura clave de la arqueología alemana, la obra que va a marcar el fondo y la forma de la arqueología europea será la de Gustav Kossina [Fig. 7].

Kossina (1858–1931) fue el primero en aplicar el concepto de "cultura arqueológica" en sus trabajos. Se formó como filósofo, asumiendo una formación de corte hegeliano, lo que terminaría marcando definitivamente sus estructuras interpretativas sobre el análisis social y cultural de los pueblos tanto actuales como históricos.

Figura 7:
Gustav Kossina (en el centro sujetando el paraguas) acompañado de sus colaboradores y colegas en un encuentro de la Sociedad Alemana de Prehistoria en Köenisberg, 1930.
(Foto: Grünert, 2001.)

Pronto comenzó a interesarse por la arqueología al considerarla el instrumento por medio del cual averiguar la tierra de procedencia de los pueblos indoeuropeos y más concretamente los alemanes. Este interés le llevó a ser profesor en la Universidad de Berlín en 1909 y a fundar la Sociedad de Prehistoria Alemana, entre muchas otras actividades. Parece ser que fue realmente un exaltado patriota alemán, aunque su patria de nacimiento fue Lituania, ya que por entonces era uno de los territorios reclamados como parte de las zonas históricas anexionables.

Este patriotismo le llevó a calificar de traidora (Trigger, 1992: 158) a la arqueología clásica, egiptología o asiriología y toda aquella que no sirviera para ensalzar la grandeza del pasado alemán, ya que consideraba a la arqueología como la más "nacional" de las ciencias. Su primera obra de repercusión internacional, *Die Herkunft der Germanen* (1911 – *Zur Methode der Siedlungsarchäologie*), representa una reivindicación nacionalista desmesurada, pero también una renovación en la metodología, el purismo de los datos, el enfoque diacrónico y holístico, etc. Una síntesis de buena calidad y profundidad del trabajo que no llegará a España hasta Bosch Gimpera. En esta, que sería la más voluminosa de sus obras y que serviría de lienzo para una declaración de principios teórica y metodológica, encontramos ya todos los aportes novedosos, positivos y negativos de sus planteamientos. Aparecerá el interés por rastrear, en el estricto sentido arqueológico, los orígenes del pueblo germano, remontándose al mundo del Bronce para buscar unas invasiones justificadas por el carácter invasionista y expansivo de estos pueblos y afirmar que ya estaba constituido su hecho diferencial como cultura (*Kulturvolker*).

Sin embargo instituyó una serie de presupuestos teóricos erróneos y que más tarde tendrían graves consecuencias. Su interés por las "culturas" en el sentido etnológico del término, acuñado ya por Taylor (1871) al que sigue en muchos aspectos, iba más allá de aportar grupos étnicos prehistóricos, sirviéndose de ellas para establecer una serie de gradaciones raciales y étnicas. Asumiría también las conclusiones del antropólogo de principios del siglo XIX Gustav Klemm, que definía en el carácter innato de las etnias dos rasgos diferenciadores, el *Kulturvolker*, o pueblo creativo y superior, y el *Naturvolker*, o pueblo pasivo culturalmente e inferior.

En otros escritos, como su *Die Indogermanen* (1921 – *Ein abris. Das Indogermaniesche Urvolk*,) desarrolla el proceso de rastreo retrotrayéndolo a la remota *Steinzeit* del mundo indoeuropeo, para él indogermano indudablemente por influencia del trabajo de Fick (1873) *Die chemalinge Spragenheit das indogermanen Europas*, que, como hemos dicho es el primero que generaliza el término. Es en este trabajo donde también comienza una de sus aficiones argumentales, la paleoantropología comparada, en lo que también fue un precursor.

Sin embargo su gran obra recopilatoria de las esencias germanas, *Die deutche Vorgeschichte (eine hervorragend nationale Wissenschaft)* no la llegará a ver publicada nunca, ya que saldrá en 1941, en plena guerra mundial, diez años después de su muerte.

A pesar de todo la aportación de Kossiná va más allá de su fanatismo. No fue solo el primero en utilizar el concepto, tan cotidiano hoy, de cultura, sino que reveló la importancia de enfocar las culturas arqueológicas individuales de manera globalizadora y diacrónica. No creo que, como parece afirmar Trigger (1992: 158) fuera un hombre poco menos que desquiciado y cegado por su racismo nacionalista. Más bien parece, a través de sus textos un hombre de una gran inteligencia y visión de futuro científico y metodológico excepcional, cuyas ideas políticas fueron tristemente radicales y violentas, empañando la objetividad y templanza de su trabajo.

Sin embargo sus estudios no tuvieron una gran repercusión fuera de los círculos de influencia germánica, como el área escandinava, los países periféricos de Alemania, o aquellos, como España y en gran medida Francia, que eran académica y científicamente deudores de las universidades alemanas. El uso político de las ideas de Kossina fue tremendo, siendo una de las bazas argumentales de los nazis en sus reivindicaciones sobre las tierras anexionables o como justificación a su supremacía en Europa.

Su mayor influencia será sobre la obra de V. G. Childe, a través del cual se difundirán sus presupuestos difusionistas y el análisis de "culturas" arqueológicas. En él se suaviza de forma ostensible el radicalismo racista y, por supuesto el patriotismo alemán, pero mantiene muchas de las novedades interpretativas. Lo veremos más detenidamente al revisar el caso inglés.

Otros investigadores mantuvieron ideas más alejadas del ámbito político y, aunque nunca exentos de cierta influencia kossiniana, permanecieron en los círculos estrechos y poco realistas de la academia. No así, la antropología despuntará en cuanto a la capacidad para apoyar y justificar estos postulados, apareciendo obras de gran calidad documental pero de una tendenciosidad escalofriante como la magnífica recopilación de Eckart Von Sydow, *Die Kunst der Naturvolker und der Vorzeit* (1938), traída pronto a España aunque nunca traducida. Ejemplo perfecto de las obras del *Reich*, desplegará un conocimiento amplísimo sobre las culturas antiguas de los cinco continentes y sus paralelos en la prehistoria, incluyendo numerosas fotos, y justificando la actual pirámide cultural por un hecho natural de supremacía de los individuos mejor adaptados.

En España existirá una influencia alemana muy importante desde la escuela de Madrid, a cargo de Hugo Obermaier ("Henri" Obermaier para Trigger, 1992: 151). Aunque sus estudios se centrarán en el mundo del Paleolítico hará referencia a las tradiciones asumidas entorno a ellas por los grandes maestros de su país, principalmente el profesor Joseph Bernhart. Con él escribirá su *Urgeschichte der Menschheit* (1931) [Fig. 8], estando ya en su cátedra de Madrid. En esta obra, durante escasamente tres hojas (de más de 400 que tiene el libro) relatan la Edad del Hierro y el mundo céltico. No será sino una visión muy ortodoxa tomada de los textos clásicos, ajustada a la interpretación expansionista del difusionismo reinante y un indoeuropeismo patriótico alemán. A través de sus obras llegarán a España muchos elementos ideológicos cuya influencia se notará en todos los investigadores de la época y especialmente en algunos como Mélida o García y Bellido.

Figura 8:
Portada original del libro de Bernhart y Obermaier *Sinn der Geschichte -Urgeschichte der Menschheit* publicada en 1931. Una obra que hace un repaso por la Prehistoria europea con un especial interés en el mundo prehistórico y donde parece faltar un acercamiento en profundidad en los temas relacionados con la protohistoria.

El influjo alemán vendrá a España principalmente por el contacto directo entre investigadores y el interés por una formación internacional que llevara a muchos a ampliar estudios en el país germano durante las décadas de los veinte y treinta. Los españoles se lanzarán a estudiar en Alemania como principal potencia en Filología, Historia o Arqueología. Así, la Junta de Ampliación de Estudios mandará a multitud de investigadores en formación a Alemania durante ese periodo a estudiar con los grandes maestros alemanes como Wilamowitz-Moellendorft, Shmidt o Menghin.

Igualmente, algunos investigadores alemanes trabajaron en España desde principios de siglo trayendo también aires germánicos y desarrollando proyectos arqueológicos dentro de la política de colonialismo cultural emprendida en estos años por Alemania. Humboldt, Hübner o Schulten, fueron algunos de estos, de los cuales nos ocuparemos al repasar el panorama español.

La alemana será, en definitiva, una academia muy reglada, de profunda jerarquía y de la cual hemos tomado a Kossina como punto de referencia por ser el que más ha destacado a posteriori. En efecto él será el que fije conceptos como "cultura", o "paradigma étnico", o creará la primera "arqueología de los asentamientos" (*siedlungsarchäologische methode*), aunando técnicas tipológicas y cartografía.

Será una escuela de prehistoriadores e historiadores de la antigüedad que observará numerosas influencias de otras disciplinas, siendo en prehistoria en la que más claramente se vea la aplicación de nuevos métodos desde la etnología, la antropología física o la geografía. El llamado método Kossina será seguido por numerosos maestros de la arqueología alemana, como Schmidt o Menghin, y otros extranjeros, como Childe.

Muchos de los conceptos aportados por esta arqueología serán bases de la nuestra casi hasta nuestros días. El paradigma étnico será aplicado desde entonces como base de trabajos en España durante toda la primera mitad de siglo, el concepto de "cultura" sigue hoy siendo utilizado sin saber hasta que punto tiene repercusiones éticas, ya que este concepto fue creado para responder a un esquema en el que un artefacto respondía a una "cultura", una distribución de artefactos a una región cultural, una región cultural a un grupo de asentamientos y este a un grupo étnico que era asimilable a un pueblo histórico.

I.3.5.- El caso inglés.

La tradición inglesa constituye el otro gran pilar de la arqueología céltica en España durante el periodo que tratamos, pero de forma ciertamente menos palpable que la francesa o alemana. Sus influencias se basarán en apoyos teóricos y algunas obras clave que llegarán a la Península Ibérica pero sin un contexto completo y sin que ello suponga la integración en ningún tipo de escuela anglosajona.

Como ya habíamos comentado, la revolución arqueológica fue marcada por la aparición en este país de la obra de John Lubbock [Fig. 9] *Prehistoric Times* (1865 1ª edición), la más influyente durante todo este tiempo en el panorama anglosajón y según afirma, algo exageradamente, Trigger (1992: 114): "...*sin lugar a dudas el libro de arqueología más influyente de todo el siglo XIX.*"

Sin embargo el evolucionismo impenitente de Lubbock no fue un foco real de influencia a la hora de reflejarse en los textos fuera del mundo anglosajón, aunque sí quedaron ciertas ideas como la de la gradación de los pueblos primitivos o las series tipológicas determinadas por estadios evolutivos que permearon en la doctrina difusionista de corte británico, debidas en buena parte a los estudios de Montelius.

El mundo de la arqueología céltica también se introduciría en esta corriente pronto, ya que estos también estarán en el grupo de los célticos, esto es, de aquellos países europeos que basan sus raíces étnicas en la tradición celta. Aunque de forma algo controvertida, ya que los conflictos con la invasión irlandesa y la defensa de una identidad anglo-sajona suponían ciertas contradicciones, existió un monopolio celta por parte de los ingleses (principalmente) contra otros celtismos regionales como el irlandés (reivindicaciones argumentadas sobre ciclos épicos como el de CúChulain) y el escocés (etnicidad de los pictos y pueblos caledonios).

Figura 9:
John Lubbock (1834 – 1913), el que sería Lord Avebury, en un retrato de la época. Su gran influencia como difusor del evolucionismo unilineal le convirtió en uno de los más leídos en el Reino Unido y USA.
(Foto: Trigger, 1992: 113)

Los ingleses conocían bien las excavaciones en centroeuropa y asumieron los sistemas clasificatorios y las tablas cronológicas relativamente pronto aunque, por supuesto, adaptándolas rápidamente a su particular caso. Una de las primeras y más completas de las síntesis sobre la Edad del hierro en Europa tratada por ingleses incluyendo tablas cronológicas fue la *"Guide to Early Iron Age Antiquities"* del Museo Británico de 1925 [Fig. 10].

La actitud mantenida desde la academia inglesa (británica en general) será bastante alejada de lo que hemos visto hasta ahora en el mundo francés y lo que luego veremos del español. Se contemplan los pueblos célticos como un conjunto de tribus actuando a veces de forma conjunta, descartando el concepto de la "nación celta" y por supuesto del "imperio celta". Será por eso que la mayoría de los textos harán poca referencia a los trabajos de los franceses, prefiriendo centrarse en los escritores autóctonos. Tan solo uno de estos autores es nombrado en estos trabajos y es Salomón Reinach. Sus planteamientos no entrarían en conflicto con los planteamientos británicos de

	HALLSTATT PERIOD					
KELTIC EUROPE			BOLOGNA			GREEK POTTERY
Schumacher	Déchelette	Hoernes	Déchelette	MacIver	Hoernes	Déchelette
Hallstatt A 1000-800	Hallstatt I 900-700	Early H. (Geometric) 1000-850	1000-90	Benacci I 1050-950	950-750	Proto-Geometric 11th-9th century
Hallstatt B 800-700						Dipylon 9th-8th century
		Middle H. (Orientalizing) 850-650	900-750	Benacci II 950-700	750-600	Proto-Corinthian 750-600
Hallstatt C 700-600	Hallstatt II 700-500	Late H. (Early Greek) 650-500	750-550	Arnoaldi 700-500	600-500	Corinthian, &c. 7th century
Hallstatt D 600-500						Attic black-figure 6th century
			550-400	Certosa (Etruscan) 5th century	500-400	Early red-figure Late 6th century

LA TÈNE PERIOD					
Déchelette	Reinecke	Montelius (France)	Montelius (Scandinavia)	Viollier (Switzerland)	
La Tène I: 500-300	La Tène A: 5th century	La Tène I: 400-250	Pre-Roman I: 500-300	La Tène I: 450-250	
La Tène II: 300-100	La Tène B: 4th century				
La Tène III: 1st century B.C.	La Tène C: 3rd and 2nd centuries B.C.	La Tène II: 250-150	Pre-Roman II: 300-150	La Tène II: 250-50	
La Tène IV (Britain): 1st century A.D.	La Tène D: 1st century B.C.	La Tène III: 150-1 B.C.	Late pre-Roman: 150-1 B.C.	La Tène III = Roman	

Figura 10:
Tabla cronológica comparada para el Norte de Europa y Grecia sobre los periodos de Hallstatt y La Tène.
(Foto: Guía del *British Museum* sobre antigüedades de la I Edad del Hierro (1925).)

preeminencia cultural y racial anglosajona en las islas y apoyan un difusionismo mediterráneo muy de moda entonces como explicación de los focos de origen de los adelantos técnicos.

Los pueblos antiguos de Europa serán básicamente Illyrios, ligures e Iberos, pero pronto aparecen los celtas en ese panorama. Su aparición en los textos de Herodoto, Avieno, Hecateo, Cesar o Livio, los lleva hacia los siglos VII y VI, pero ya antes se admite una formación previa de estos grupos en el centro de Europa.

Su carácter será difícil, violento y bárbaro, con una tendencia a expandirse y a hacer razzias sistemáticas. Entre los más importantes autores de esta ortodoxia inglesa estuvieron Sir William Rigdeway, Clement Reid, o José María de Navarro, que aunque lo parezca no era español sino británico. Este último fue profesor en Cambridge y un gran especialista en mundo céltico, tanto centroeuropeo como británico. Sus aportaciones estuvieron vinculadas al campo de la armamentística, arte y las explicaciones de las migraciones y movimientos célticos (de Navarro, 1928), así como sus orígenes como cultura (de Navarro, 1936). Sin embargo no se aportaba nada nuevo al concepto tradicional de celtismo y se recurrían una y otra vez a los mismos argumentos y textos antiguos. Quizá lo que si comenzaron a hacer los británicos con asiduidad es comparar los resultados de excavaciones con lo escrito en las fuentes e intentar una contrastación.

Otro interesante aspecto de la escuela inglesa será la necesidad de crear elementos diferenciadores del continente pero aglutinadores con respecto a las islas. Para ellos serán los Britones los célticos de su zona y generarán toda una imagen de rudeza muy cargada de simbolismo medievalista. El peso de los ciclos legendarios del medioevo y la asunción de que estos son remanentes de la antigüedad "céltica" llevan en muchos casos a generar una imagen conceptual mezclada, llena de elementos heterogéneos [Fig. 11].

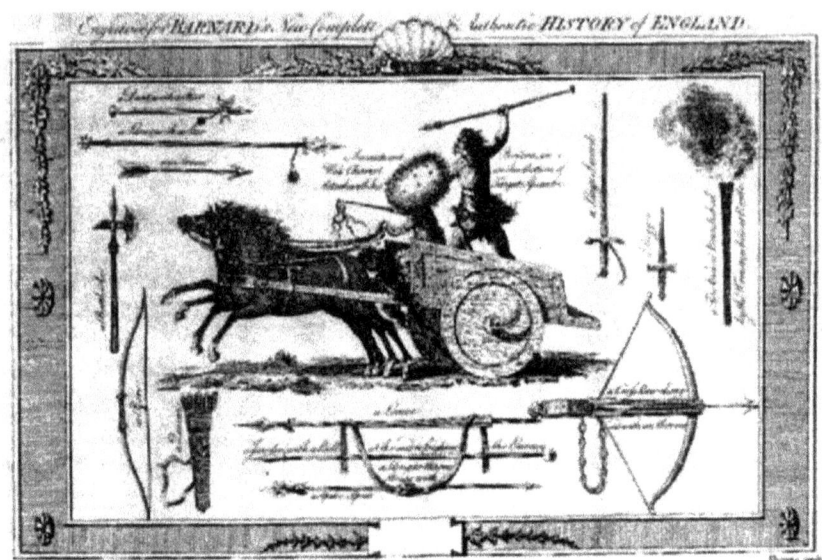

Figura 11:
Este dibujo, perteneciente a la obra enciclopédica de Edward Barnard *New, Comprehensive and Complete History of England* (1783), presenta una idea de ésta mezcla de elementos antiguos y medievales junto a un aspecto totalmene bárbaro del individuo. Aparte del elenco tecnológico será muy importante el aspecto físico, descartando la mezcla con elementos "oscuros" del sur de Europa.

La caracterización de estos pueblos, primeros pobladores de la húmeda Albión, tendrá un claro corte antropológico, respondiendo a las expectativas de los pueblos escandinavos. Se definirán para ello dos tipos de galo-celtas, los de la zona sur, oscuros ("*dark haired*", British Museum, 1925: 6-10) braquicéfalos y de corta estatura; y los que compondrían en origen la población británica, que serían altos rubios y de ojos claros, descendientes de aquellos venidos de las zonas nórdicas y germania.

Curiosamente este interés por el tipo físico nórdico contrasta con una fascinación por el modelo cultural mediterráneo, componiendo unas interesantes mezclas. Para Ridgeway los aqueos serían físicamente nórdicos y se identifican como celtas, así como para Reinach se pueden intuir relaciones con las costas británicas de frigios y fenicios desde el 850 a. E.

La argumentación inglesa sobre sus raíces culturales célticas se fortalece con la reconstrucción de la invasión de la isla por los britones y goidélicos, ambos pueblos muy "celtas", y que desplazan a los *Cruithne* o pictos (pueblo de los pintados), que serían los primeros habitantes de la isla y los relegados a Gales y Escocia. Así, distinguirían también a los diferentes tipos de gentes de las islas. Los de apariencia oscura y baja serían "sangre" de los primeros pobladores, mientras que los altos y claros serían los victoriosos celtas. Más tarde llegarían los belgas, más germanizados y asentados tan solo en algunas partes de la costa sur de Inglaterra.

Estos planteamientos se vinieron forjado durante todo el siglo XIX y cristalizarían en trabajos como los de Sir John Myres o Sir Arthur Evans, aunque los anticuarios ya se habían centrado en los vestigios célticos mucho antes, y componian una tradición amplia con una literatura propia. Es el caso del anticuario William Stukeley, que ya en su obra hacia 1723 denomina muchos de los monumentos antiguos conocidos entonces como "celtas", o de John Williams, y sus trabajos sobre fortificaciones y asentamientos del año 1777.

Las instituciones de investigación tomaron un papel principal en los trabajos sobre la Edad del Hierro, destacando el *British Museum* y sus conservadores de las colecciones protohistóricas y de entre ellos figuras como la de August Wollaston Franks [Fig. 12], conservador del museo y estudioso de las colecciones de la Edad del Hierro. En 1863 editó una obra ilustrada sobre los fondos del museo referentes a este periodo, refiriéndose a ellos como del periodo La Tène tardío. Otro interesante y muy prolífico investigador en esta misma línea, también vinculado a este museo será C.F.C. Hawkes, cuyo interés profundo por la investigación de la Edad del Hierro le llevó a escribir numerosas obras y realizar multitud de intervenciones. Pertenecerá a una época de total relanzamiento de la disciplina, que corresponderá a la década de los treinta.

Figura 12:
Augustus Wollaston Franks, dibujó y sistematizó las colecciones de protohistoria del *British Museum*. Sus trabajos eran bien conocidos por todos aquellos arqueólogos que protagonizaron la "revolución" de los '30.
(Foto: James, 1997; 12)

En este periodo se recurren a los primeros estudios de Myres y principalmente de Evans, quien en 1886 había articulado, sobre la base de los hallazgos en la necrópolis de Ayles, o los descubrimientos de Welwyn o Swarling, un modelo de difusión de las culturas celtas en relación con la costa norte de Europa y los pueblos antiguos que ahí habitaban, especialmente los belgas. Para él existía una posibilidad importante de poder inferir una correspondencia entre los datos de las fuentes sobre grupos étnicos antiguos y "culturas" arqueológicas, Idea bastante difundida en el panorama europeo. Esto le lleva a asimilar, por ejemplo, la invasión belga con la llamada "cultura de Aylesford – Swarling", basándose en las monedas recogidas en el yacimiento adscribibles a los galo – belgas. Así desarrolla una preocupación por reconocer la adscripción geográfica de ciertos asentamientos y "culturas", traspasándola a sus discípulos, como pasará con Childe.

Durante los años treinta las publicaciones e investigaciones serán cada vez más completas y más preocupadas por los aspectos metodológicos, destacando obras como las de Hawkes (1931, 1948) Cunnington o los trabajos del joven Wheeler (más tarde Sir Mortimer), Clarke, Dunning, o Curwen.

Sin embargo existe una figura destacada entre la investigación en Inglaterra durante estos años, saliéndose de lo común en todos los aspectos. Sus obras tuvieron una gran repercusión por su gran capacidad de síntesis, su visión amplia y profunda de Europa y su corpus teórico novedoso y bien desarrollado. Este hombre excepcional, influido por los más importantes personajes de su tiempo y creador de una línea de pensamiento tras él será Vere Gordon Childe.

V.G. Childe [Fig. 13] nació en Sydney el 14 de abril de 1892, y murió en *Blue Mountains*, en su tierra natal en 1957, tras haber pasado más de treinta años fuera de su país. Siendo muy joven viajó a Inglaterra, donde estudia en la Universidad de Oxford, introduciéndose en la arqueología de la mano de Sir John Myres [Fig. 14] y Sir Arthur Evans [Fig. 15].

Ya desde entonces se había significado políticamente como marxista, lo que impregnaría sus estudios de un tinte materialista bastante novedoso aunque no absoluto. Su adscripción interpretativa estaría igualmente orientada hacia el difusionismo, muy influido por la obra de Montelius (1899).

Estas ideas no le abandonarán nunca, incluso cuando se radicalice, años más tarde en su postura evolucionista.

Fig. 13:
Vere Gordon Childe en Ankara, 1947. Su fama como investigador en el Oriente Medio hizo sombra en cierta forma a sus estudios en otros campos. (Foto: Trigger, 1980)

Para Trigger (1980) quizá una de las tendencias más básicas en la obra de Childe sea el corte historicista de Von Ranke, aunque no parece ser una opinión compartida con otros investigadores (Mc Nair, 1980; Piggott, 1958) y tampoco sea algo claramente palpable en sus escritos.

Asumirá pronto de Kossina, al que lee en su idioma original y llega a conocer, su complejo concepto de cultura (*kulture*) y su implicación como grupos culturales (*volk, kulturegruppe*). Esta asociación se ira debilitando a medida que nos acerquemos a los años treinta, y a la muerte de Kossina, ya no existen más que coincidencias terminológicas entre ambos.

Poco a poco se irá convenciendo más con el evolucionismo, dejándose influenciar por las lecturas de Morgan, Taylor, Lubbock o Pitt-Rivers.

Sus interpretaciones marxistas, sin embargo, siempre se mantendrán firmes, pese a sus oscilaciones teóricas, dejando claro en su obra que lo más importante para él a la hora de analizar una sociedad prehistórica es tener en cuenta la interacción dialéctica entre los medios y las relaciones de producción. Aunque para hacerlo sea necesario tener una coherencia entre hechos arqueológicos y teoría marxista que no es fácil lograr.

Su amplio conocimiento de las lenguas europeas le permitió encontrar campos nuevos de investigación, y recorrer numerosas zonas arqueológicas europeas principalmente de centroeuropa (1922). Así atesorará una enorme experiencia de primera mano y accederá a publicaciones fuera del alcance de muchos de sus colegas. Su gran fuerza y su carácter innovador y harán de él una influencia dentro y fuera de las fronteras británicas. En U.S.A. se llegará a convertir en un referente para los neo-evolucionistas, considerándolo importantes investigadores como White o Steward como uno de los padres de esta corriente.

Entre los investigadores ingleses dejará muchos seguidores, pero quizá el más claro sea Stuart Piggott. Continuador de sus líneas de investigación y siguiendo muchos de los caminos abiertos por Childe, él será el relevo incluso físicamente en sus actividades después de jubilarse. Igualmente será importante para la obra de Sir Mortimer Wheeler, así como para toda una generación que tras la II Guerra Mundial despierta a sus trabajos traducidos rápidamente al francés, alemán y algo más tardíamente al español. En nuestro caso solo hacia la década de los sesenta podemos observar una verdadera influencia de su obra en España, aunque muchas de sus interpretaciones sobre grandes procesos de la antigüedad (como el origen de la domesticación, o la metalurgia, etc.) eran tímidamente conocidas.

Pero ya a principios de los años veinte la influencia de Childe se hacía notar en sus colegas, como por ejemplo en la obra de Burkitt (1926), profesor de Arqueología de Cambridge, al cual llegan muchas de las influencias extranjeras por medio de él, por ejemplo lecturas de franceses (conoce también alguna obra de Bosch Gimpera en francés) que no eran muy comunes entonces, como Déchelette y Breuil.

La herencia inglesa en el continente americano será claramente palpable y su comunicación muy fluida. No así, durante estos años, aunque existió una relación basada en congresos, viajes, etc. en Europa, donde existían algunas serias incompatibilidades entre las diferentes implicaciones políticas de la arqueología céltica.

La escuela de Childe será la más internacional de todas y mejor conocida en Europa, llegando a España a través de lecturas con una trascendencia teórica y metodológica crucial (Childe, 1922, 1926, 1933), desarrollando conceptos como el de la etnicidad aria. Serán conocidas aquí bastante tarde sus teorías sobre el mundo indoeuropeo, los planteamientos de la difusión de esta cultura y sus vínculos con poblaciones actuales, muy influenciadas en sus primeros momentos por la escuela alemana.

Su más cercano colaborador y continuador, Stuart Piggott, se convertirá en una primera figura de la arqueología mundial a partir de los años cuarenta, guardando muchas de las líneas de investigación iniciadas por Childe.

Los estudios sobre la protohistoria de Escocia, las interpretaciones sobre los *hillforts*, la prehistoria de centroeuropa o la difusión de las interpretaciones de la escuela *ex oriente lux*, serán algunas de sus principales aportaciones a la arqueología europea.

Pocas serán las relaciones entre Inglaterra y España, tan solo reducidas a vínculos personales entre investigadores y relacionados en cierta forma con los intereses políticos. Como veremos más adelante, pocos arqueólogos ingleses trabajarán en España y viceversa y no comenzará a haber un verdadero interés por las corrientes inglesas hasta muy recientemente.

Figura 14: Sir John Myres, 1869-1954. (Foto: Trigger, 1980)

Figura 15: Sir Arthur Evans, 1851-1941. (Foto: Trigger, 1980)

CAPÍTULO II.- España.

II. 1.- Contexto social e histórico.

II. 1.1.- Sociedad y política hasta comienzos del siglo XX.

La España que despertó la mañana del jubiloso 01 de Enero de 1900 rebosaba ilusión y esperanzas, pero arrastraba también graves problemas internos y externos de índole social, política y económica que marcarán su futuro de forma inevitable. El siglo XIX había sido una lucha lenta y penosa por conseguir una estabilidad política que no llegaría nunca y que propiciaba desajustes y problemas sociales muy graves [Cuadro 4]. La crisis de la España colonial se había desencadenado por completo en los primeros años del XIX para alcanzar su momento álgido en 1824, con la firma del tratado de Ayacucho, y escribirá su más negra página en 1898, con las derrotas en Cuba y Filipinas.

En el interior del país se sucedieron las pronunciaciones (Riego 1820, "La Vicalvarada" 1854, Martínez Campos 1874, etc.), tres Guerras Carlistas (1832-1839; 1847-1860; 1869-1875) y un sinfín de gobiernos de poca o nula estabilidad. Económicamente el país se encontraba en pésimas condiciones, agotado por las pérdidas coloniales y los esfuerzos por mantenerlas, las guerras y las crisis(1847, 1866, 1867, 1868), las desamortizaciones que solo agudizaron los problemas con los latifundistas (Mendizábal 1837, Madoz 1856) y los infructuosos ensayos de economía capitalista. Estas medidas, iniciadas por la reforma fiscal de Mont tras la crisis de 1847, intentaban desesperadamente solucionar los problemas financieros de las arcas estatales sin contar con la estructura casi feudal de gran parte de la España del momento.

Los movimientos obreros crecían y se constituían en una fuerza social cada vez más palpable, organizándose entorno a partidos políticos (Socialista constituido en 1888) y sindicatos (F. A. I. 1927) provenientes sobre todo de la minería, sidero-metalurgia y construcción, creando frentes de lucha para reivindicar derechos sociales. Las guerras de Cuba y Filipinas generaron un sentimiento de pesimismo y desmoralización en la población y una necesidad de responsabilizar a alguien de la catástrofe. Los grupos nacionalistas se vieron reforzados en sus pretensiones de separarse política y culturalmente de una España que estaba en sus peores momentos, buscando en otras naciones en auge, como el Reino Unido (adopción de la bandera por los nacionalistas vascos para fabricar su bandera), Francia o Alemania, su referente político y desarrollando referentes históricos propios y excluyentes con connotaciones específicas.

Por otra parte los militares, que jugarán un papel muy importante en la primera parte del siglo XX (dictadura de Primo de Rivera 1923 – 1930, golpe militar 1936) y clave en toda la historia de España del siglo XX, se sentían defraudados. Entre los mandos se acentuaba el descontento y la desconfianza hacia una clase política que, a su parecer, les había traicionado, llenándose los cuarteles y estados mayores de recelo y desencanto.

El siglo XIX dejaba una herencia de graves problemas sociales y económicos, como el caciquismo, una economía agraria de corte medieval, una industrialización centralizada en regiones como Barcelona o Vizcaya cuya capacidad de modernización era prácticamente nula y una política inestable minada por multitud de grupos sociales descontentos, guerras y nacionalismos [Cuadro 5].

Estos últimos jugarán un papel muy relevante en la creación de identidades históricas diferenciadas, propias, cuyas escuelas de estudios buscarán raíces distintivas. En el caso que nos ocupa, será interesante estudiar sobre todo el caso catalán, cuya escuela arqueológica tendrá una importante representación en el tema de la definición y connotaciones de lo céltico en España. Autores como Bosch Gimpera, Pericot, o Tarradell, compondrán algunos de los más importantes nombres de esta corriente.

El movimiento nacionalista en los ámbitos culturales fue conocido como la *Renaixença*, una iniciativa promovida por intelectuales, investigadores y poetas que pretendían recuperar las raíces propias de su pueblo. Su institución más importante fueron los *Jochs Florals* [Fig. 16], que pretendían crear un foro estable para el ámbito de las letras en catalán.

Políticamente fue liderado por hombres de gran carácter entre los que destacaron nombres como Francesc Cambó,

Cuadro 4:
Esquema cronológico de los acontecimientos más relevantes del siglo XIX en España.

Año	Acontecimiento	Detalles	Guerras
1808	Guerra de la Independencia hasta 1813.		Independencia del Imperio Continental Americano (Ayacucho 09-XII-1824).
1812	Cortes de Cádiz.		
1820	Fin del "sexenio absolutista" (1814-20). Pronunciamiento de Riego	Trienio Liberal: 1822 Moderado 1822/3 Radical	
1823	*Cien mil Hijos de San Luis*, inicio de la "década ominosa".		
1832	Fin de la "década ominosa" (1823-1832). Instauración del Estado Liberal.	Estatuto Real (1834). **Desamortización eclesiástica de**	1ª guerra Carlista (1832-1839).
1841	Inicio Regencia de Espartero.		
1844	Inicio de la "década moderada".	Constitución moderada. Reforma fiscal de Mont. Crisis 1847. Ensayos capitalistas. Creación de la Guardia Civil. Creación del Partido Demócrata.	2ª guerra Carlista (1847-1860).
1854	Inicio del "bienio progresista".		
1856	Segunda etapa "moderada", O'Donell, Narváez y González Bravo.	1 revuelta militar liberal (vicalvarada). Constitución no-nata 1856. Desamortización de propios y comunes.	
1868	Inicio del "sexenio democrático".	1ª Internacional 1868. Gobierno provisional 1868. República "híbrida" de Serrano. Golpe de Martínez Campos (Sagunto 1874). Pacto del Pardo (1874) alternancia Cánovas-Sagasta. Muere Alfonso XII (1885).	3ª guerra Carlista (1869-1875)
1874	1ª República (de Febrero del 73 a Enero del 74).		
1898	Perdida de Cuba, Puerto rico y Filipinas por el Tratado de París.		
1902	Mayoría de edad de Alfonso XIII.		

Cuadro 5:	
Esquema cronológico de los acontecimientos más relevantes entre 1900 – 1931:	
1898	Firma del Tratado de París, pérdida de Cuba, Filipinas y Puerto Rico.
1902	Mayoría de edad de Alfonso XIII.
1904	Tratado hispano - francés sobre Marruecos.
1909	Operaciones militares en Marruecos. Semana trágica. Ejecución de Ferrer Guardiá.
1910	"Ley del Candado" de las órdenes religiosas.
1912	Asesinato de Canalejas.
1913	Establecimiento de la Mancomunidad de Cataluña.
1914	España se abstiene de participar en la Primera Guerra Mundial.
1917	Numerosos conflictos y huelgas. Actuación de las Juntas Militares. Asamblea Parlamentaria.
1919	Huelga de la Canadiense y aprobación de la jornada laboral de ocho horas.
1921	Desastre del Annual. Asesinato de Eduardo Dato.
1923	Primo de Rivera sube al poder. Asesinato del "*Noi del Sucre*", Salvador Seguí.
1924	Fundación de la *Unión Patriótica*.
1929	Intento de golpe de estado de Sánchez Guerra. Disolución del cuerpo de artillería. Clausura de las Universidades.
1930	Alfonso XIII encarga a Berenguer, otro general, que forme gobierno. Los partidos antimonárquicos pactan en San Sebastián.
1931	Primeras elecciones municipales. Proclamación de la II República. Constitución de la Generalitat de Cataluña. Azaña forma gobierno.

de la *Lliga Regionalista*, aunque sus oponentes serán también de grán calado, especialmente Alejandro Lerroux y su partido de Unión Republicana, luego llamado Partido Radical.

Figura 16:
Los *Jochs Florals*, o juegos florales, fueron la válvula de escape de un nacionalismo cultural que veía más justificada que nunca su separación del decadente estado español. En ellos participaban literatos, poetas y todo tipo de personajes del panorama cultural catalán, formando un frente por la *Renaixeça* de las letras catalanas.

Más tarde veremos como la escuela de arqueología de Cataluña dirige sus esfuerzos a basar sus raíces en elementos ibéricos, dando a esta primacía sobre lo céltico, que era asimilado a español o "castellano".

El nacionalismo, especialmente el catalán, será especialmente mal visto por los miembros del directorio militar de Primo de Rivera (1923 – 1930) [Fig. 17]. Este periodo será una primera reacción del componente militar ante la "ineptitud" e "incapacidad" de la clase política para resolver los problemas del país.

En Europa la dictadura no era nada desconocido en estos años, y en países como Grecia, Polonia, Lituania, Italia o Hungría se habían instaurado regímenes autoritarios antiparlamentarios. Sin embargo en España el régimen de Primo de Rivera no era una iniciativa política, sino más bien una aventura militar, y vista la falta de perspectiva política del directorio militar, en 1925 se constituye otro civil.

Se desarrolló entonces un intento de instaurar una serie de valores apoyados en las ideologías de los sindicatos católicos y de escasos intelectuales de derechas, entre los que destaca con mucho Ramiro de Maeztu. Estos valores serán, familia, religión y propiedad, antecesores de las famosas tríadas de la dictadura del General Franco algunos años más tarde cómo: "Dios, Patria y Justicia"; o "Familia, Municipio y Sindicato Vertical".

La escisión de la sociedad española se acentuaba cada vez más, y al acercarse a los años treinta los problemas económicos y políticos se suman a un sentimiento de desmembramiento y una falta casi total de cohesión en el país, azotado por nacionalismos, grupos de presión social, grupos políticos, etc.

Figura 17:
El general Primo de Rivera se hace con el poder mediante un suave golpe en el que disuelve las Cortes formando un directorio militar con el consentimiento de Alfonso XIII (1923 – 1930). Gran admirador de Joaquín Costa, reinterpretó a su modo el concepto regeneracionista, pensando que estaba basado en un relevo militar a la ineptitud de los políticos. Sus ideales y su política preludiaron y sirvieron de base al levantamiento militar de 1936.
En la foto un retrato de su nombramiento de Teniente General (esquina superior) y su presencia en el Ministerio durante la manifestación de 1929 (imagen principal).
(Foto:www.geocities.com/guerraciv)

En todo este proceso, que desembocará en la Guerra Civil Española los intelectuales humanistas y científicos van a tener un papel muy relevante, y su contexto político, cultural y de formación, será decisivo para su posterior filiación, orientando las líneas de sus trabajos.

II. 1. 2.- La Academia española, del Romanticismo al Regeneracionismo.

Oficialmente el romanticismo se desarrolló en España entre los años 1808 y 1868. Aunque existe una intensa controversia sobre sus fechas desarrollos y carácter, también hay entre los investigadores de este periodo unos puntos básicos de consenso entorno a ciertas fechas. Así, se acepta que las primeras expresiones del romanticismo serán hacia 1808 – 1833, correspondiendo con la España de Fernando VII (fernandina), y su punto álgido será entorno a los años 1833 – 1843, en el periodo de regencias, y su punto de declive durante los años 1843 – 1868, en época isabelina.

La generación de románticos que se gestará en la primera época, con gran influencia francesa, se verán empujados en su mayoría a exiliarse durante la restauración del Antiguo Régimen, siguiendo con el desarrollo del movimiento romántico en Francia o Italia principalmente. Estos volverán con fuerzas renovadas a su mayor expresión en la época de las regencias (Mª Cristina de Nápoles y Espartero), durante los años del liberalismo, publicándose las grandes obras de Rivas, Martínez de la Rosa y García Gutiérrez, entre otros. A partir de aquí se sitúa el inicio de la decadencia del romanticismo que se supone muere como fenómeno histórico hacia el año 1860, con el reinado de Isabel II (1843 – 1868).

El romanticismo se nutre de la creencia en que la historia no está hecha por los humanos, sino por una serie de fuerzas espirituales que operan misteriosamente y son, principalmente: la nacionalidad, el derecho nacional, el arte nacional, o la fe religiosa. Muy bien acomodado dentro del historicismo rankiano sobrevivirá durante buena parte del siglo veinte, sobre todo en España. Otra de sus posturas básicas será la sobrevaloración de figuras especiales en la historia que sublimen al común de la sociedad ante el poder de esas "fuerzas espirituales" antes mencionadas, y el nacionalismo a ultranza.

La historiografía romántica tomó diversos caminos ante la historia, concibiéndola en tres vertientes muy diferentes: Historia Universal, Historia General o Historia particular.

La Historia universal aparece ahora como forma para comparar las historias nacionales con el extranjero, desarrollando un método inductivo que iría de lo más general a lo más particular y siendo de gran utilidad general debido a la paulatina e imparable revolución de los transportes que propicia los viajes, intercambio de ideas, tecnologías etc.

Por su parte la Historia general se entiende como la de los pueblos más conocidos desde su origen, dejando de lado otros menos "famosos". Será consecuencia de las ideas nacionalistas del momento enfocadas hacia una historia en la que "general" signifique "nacional", dándose en este siglo la mayor aportación sobre la construcción de la historia general de España.

La llamada "Historia particular" englobará todas aquellas infinitas historias de sucesos y lugares concretos, ubérrimas en nuestra historiografía. Son innumerables las historias de reinos, reinados, provincias, ciudades, príncipes, dinastías, órdenes religiosas, instituciones o familias, así como los compendios o memorias, entre otros. El cultivo de la historia de carácter regional ocupa un lugar destacado en el romanticismo, sin embargo, el regionalismo romántico no sólo se encuentra en su manifestación en las regiones históricas, sino en los localismos, comarcas o patrias chicas. Dentro de esta tónica aparece en 1858 el Diccionario bibliográfico-histórico de los Antiguos Reinos, Ciudades, Villas, Iglesias y Santuarios de España, de Tomás Muñoz Romero, ejemplo de esta tradición muy arraigada en nuestra historiografía.

Los autores serán muchos y fácilmente localizables algunos, por su fama o su prolífica producción en sus diferentes zonas. Algunos de estos serán Joaquín Guichot (Andalucía), Braulio Foz (Aragón), Benito Vicetto, López Ferreiro y Martínez Murguia (Galicia), Nicolás Soraluce y Zubizarreta (País Vasco) o Victor Balaguer y Antonio Bofarull y de Broca (Cataluña).

En lo referente a la Antigüedad, dejando fuera la Prehistoria que no aparece hasta muy tarde en el panorama español, estos estudios se concibieron en principio más relacionados con el campo de la Historia Sagrada que de la propia historia, tomando en muchos casos estos estudios gran arraigo entre los eclesiásticos eruditos. Aunque en ese periodo primero del romanticismo pleno se publican algunas de las obras más grandes y completas sobre ello, como el *Diccionario geográfico-histórico de la España Tarraconense, Bética y Lusitania*, de Miguel Cortés y López (1835), o los *Elementos de Historia Antigua*, de Alberto Lista (1844).

Figura 18:
Giner de los Ríos en Torrelodones (Madrid), durante una excursión con la ILE. Francisco Giner de los Ríos fue la cabeza del movimiento "regeneracionista" y el hombre que permitió que, a través de organismos como la Junta de Ampliación de Estudios, los investigadores españoles pudieran salir con cierta facilidad a estudiar al extranjero. La influencia de sus instituciones y su pensamiento es decisiva para entender como se formaron los investigadores de principios del siglo XX.
Foto: http://www.giner.drago.net/

El interés de algunos eruditos a medio camino entre el neoclasicismo y el romanticismo como es el caso de Silvela, Lista o José Joaquín de Mora, y el apoyo e interés de la Real Academia de la Historia, dieron un decisivo impulso a estos estudios.

El estudioso, el historiador, el arqueólogo que asume la doctrina del romanticismo se caracteriza por una búsqueda de lo étnico entendido como caracterizador de lo nacional, de los símbolos de poder y de pistas de cómo era ese poder utilizado, acudiendo muchas veces a las fuentes para intentar contrastar y corroborar sus ideas. Es, generalmente una arqueología hecha desde posiciones acomodadas burguesas o nobles, por distracción.

El influjo romántico tendrá fuerza durante todo el primer cuarto de este siglo y marcará aún muchas pautas de interpretación y métodos de actuación. Tras ellos vendrán una generación de pensadores que, aunque salpicada con estas ideas tan profundamente arraigadas en la sociedad (todavía hoy en día), reaccionará muy diferentemente aportando más trasfondo ideológico y metodológico a la disciplina histórica con el fin de resolver los problemas de su tiempo en vez de volver la vista a glorias pasadas.

La España de finales del XIX crea una generación de intelectuales disconformes, bastante integrados en los círculos universitarios, aunque no en los oficiales y viceversa, dependiendo de su filiación política. Este sentimiento de desesperanza y rechazo hacia una España de pasado glorioso y presente negro, produce lo que se ha dado en llamar el "regeneracionismo". Este regeneracionismo tendrá, como siempre sucede en este país, dos vertientes políticamente diferenciadas.

La vertiente regeneracionista oficial, surgida dentro del propio sistema, estará protagonizada por hombres como Silvela, Maura o Canalejas, y la republicana y socialista por Lucas Mallada, Ricardo Macías Picavea o Francisco Giner de los Ríos [Fig. 18], pero el verdadero padre de esta vertiente será Joaquín Costa.

Para él, España sufría un terrible atraso social y económico solo solucionable mediante el desarrollo de la educación, el fomento de la europeización, la autonomía local y la política hidráulica y forestal, restaurando las técnicas colectivistas de antaño (para él tradicionales desde los vacceos, como veremos más adelante).

Pero la expresión física más intensa y de mayor repercusión para la vida académica española fue la creación, en 1876, de la Institución Libre de Enseñanza (desde ahora ILE), fundada por el krausista Francisco Giner de los Ríos.

El krausismo, base ideológica y filosófica sobre la que apoyaba el regeneracionismo, estaba fundada sobre los postulados del alemán Krause, filósofo de la escuela de Kant. Se difundió entre los círculos universitarios gracias a las enseñanzas del profesor Sanz del Río, maestro a su vez de Giner de los Ríos. Para Krause existía una razón armoniosa que correspondería al universo presidido por un Dios omnipresente.

Los krausistas abogaban por una reforma del estado gradual, paulatina y desde la educación. Para ello se propusieron hacer de la ILE un centro consagrado *"a la enseñanza, cultivo y propagación de la ciencia en todos sus órdenes"* (Estatutos de la ILE; 1), basándose en la tolerancia y la libertad de conciencia.

A partir de 1881 la ILE abandonó su idea de convertirse en Universidad y permaneció como colegio. Pero en 1907, con la aprobación de una de los proyectos de Giner de los Ríos, el Ministerio de Instrucción Pública, se constituye la Junta de Ampliación de Estudios, que canalizará una serie de iniciativas como la Residencia de Estudiantes, el Centro de Estudios Históricos o el Instituto Escuela. Durante la instauración de la II República tomará un protagonismo incluso político, extendiendo sus ideales desde el Gobierno, y proyectándolas por encima de vicisitudes históricas a todo nuestro siglo.

II. 2. - Los estudios sobre la Celtiberia hasta el siglo XIX.

II. 2. 1. – Los precursores del celtiberismo del XIX.

Desde que los autores clásicos dejaran paso al medievalismo y con él desaparecieran los celtíberos del punto de mira de los historiadores, no se había vuelto a centrar el tema hasta la obra de Florián de Ocampo, *Los Cinco Primeros Libros de la Crónica General de España*, de 1578. No así sucedería en el conocimiento popular, donde se mantendrían las míticas acciones relatadas en los episodios de griegos y romanos sobre la céltica hispánica. Un buen ejemplo de esto será la obra de Miguel de Cervantes *El Cerco de Numancia*, escrita en pleno siglo XVI. De su análisis se desprenden gran cantidad de elementos que definen el concepto general y la presencia mental que suponían estos ancestros de la hispanidad en la sociedad de su tiempo. El análisis de sus contenidos a través de la historiografía ha revelado buena parte de la significación y trascendencia de muchos de los elementos ideológicos asociados a ellos, como demuestra el análisis realizado por Álvarez Martí-Aguilar (1997).

En cuanto a la temprana obra de F. de Ocampo, en ella se hace eco de la existencia en las fuentes antiguas de los pueblos llamados celtíberos, establece un patrón de análisis que, aunque mejorado y ampliado, será seguido más tarde por todos los historiadores que aborden el tema. En esta obra, el erudito castellano hace una selección de fuentes y pasajes de estas donde se relatan elementos principalmente geográficos que conformarían la celtiberia. Estos elementos, tomados de variadas fuentes (principalmente Estrabón, Ptolomeo y Plinio), tienen que ser convenientemente seleccionados ya que, en caso contrario, no sería posible formar el mosaico geográfico pretendido. Quizá sea en este autor la influencia de Ptolomeo sobre la ubicación primera de los celtíberos la más importante, por lo mucho que sigue sus descripciones (de Ocampo, 1578: 56) en este tema. En su obra aparecerán ya los *Duracos* o *Uracos* como una etnia definida basándose en los testimonios de Estrabón (Str. III, 4, 13), como él mismo expone.

De Ocampo sentará sobre todo un precedente de importancia, asimilar los pasajes de las fuentes, principalmente Estrabón, como si de realidades étnicas se tratase, concediéndole carácter geográfico y étnico. La nomenclatura toma un especial significado, planteando una cuestión hoy todavía por delimitar completamente como es la de la mezcla entre celtas e iberos.

Sus planteamientos serán en muchos casos repetidos o sencillamente asumidos por autores posteriores, conservándose durante mucho tiempo el concepto con el que abordar la cuestión celtibérica.

Tras esta primera obra no llegará el primer auge del celtiberismo hasta mediados del siglo XVIII, con producciones como las de Flórez, Velázquez, Loperráez, Masdeu o Cornide, en obras que intentarán rastrear por medio de las fuentes clásicas el más antiguo origen de los pueblos de España.

Durante este periodo, principalmente hacia finales de siglo, comenzará en Europa un movimiento pro – celtista que abogaría por el despegue de las raíces clásicas y la vuelta a los orígenes de los pueblos antiguos (celtas) como propios de la fachada norte continental y no del mundo mediterráneo. El celtismo autoctonista que comenzó entonces llevará a una dialéctica interesante entra algunos de los españoles como Cornide o Masdeu con sus colegas galos. Esto será propiciado por cómo se había concebido la población de la Península Ibérica hasta entonces y donde estaban basadas las raíces étnicas.

Una vez más las bases para afirmar y respaldar estas teorías las encontraremos en las fuentes clásicas. Los míticos viajes de los héroes griegos relatados por los logógrafos servirán de apoyo para entroncar con un noble pasado clásico en el que se fundarían las ciudades hispánicas como la misma Roma, e incluso antes. Estas aportaciones de viajeros colonizadores serán conocidas como *"nostoi"*, que serán los ciclos legendarios en los que se relatarían los periplos de personajes heroicos hasta tierras, en este caso hispánicas. Quizá el más famoso el de Odiseo, relatado en Estrabón, quien afirma que Ulises habría estado en España tanto tiempo como para fundar una ciudad, construir un templo y dejar otros tantos indicios (Str. III. 2, 13; C. 149). De hecho, el propio Estrabón, justifica la estancia de Ulises en España como origen de lo relatado en la obra de Homero, argumentando también sobre la etimología de ciertos lugares especialmente retocados, como es el caso de *Olisipo* (Lisboa), convertida en *Ulissipo* (Str. III. 2, 14.)

Pero no sólo Ulises protagonizará estos viajes, otros héroes como Menelao, Antenor y Okellas, Tlepólemos, Teukros, o Diomedes, se vieron envueltos en fundaciones, expediciones y otras tantas aventuras en tierras españolas. Esta referencia fue válida como origen remoto, noble y culto de las poblaciones antiguas en España hasta que comienzan en el XIX las reivindicaciones étnicas y los "hechos diferenciales", donde lo que prima es el autoctonismo o, cuando menos el separatismo histórico.

Todavía a comienzos de siglo García de la Riega defendía la ascendencia helénica de los gallegos, aunque entre estos autores se encontraba la creencia, igualmente arraigada, de la descendencia de algún personaje bíblico como Noé o alguno de sus sucesores (Ruíz-Gálvez, 1997: 1-4).

A mediados del siglo XVIII aparece una de las obras antes mencionada, haciendo referencia en sus primeros capítulos a los pueblos antiguos y su conformación, que será la de Henrique Flórez, *España Sagrada. Theatro Geográphico – Histórico de la Iglesia de España*, de 1750.

Retomará muchos de los planteamientos y posturas de F. De Ocampo, aunque mejorando el tratamiento de las fuentes y concretando algo más el espacio geográfico. En ninguno de ellos el origen de estos pueblos estará claro, pasando de ser los "primeros pobladores de España", a los pueblos fundados por algún héroe akeo de los *nostoi*, o simplemente obviándolo. Quizá lo más interesante sea el tratamiento de la geografía descrita en las fuentes que quedará fijada por él de forma muy similar a lo que hoy, casi 150 años después seguimos asumiendo. En el plano étnico relacionará a los anteriormente llamados *douracos* con los arévacos.

Tras él Masdeu en 1784, publica su *Historia Crítica de España y de la Cultura Española*, se centrará en el sector noroeste de la península, argumentando que es allí donde se gesta verdaderamente el celtismo y su punto de difusión. Sin embargo, al tratar los celtíberos en las fuentes, y especialmente en Plinio, parece tener una objetividad especial y establece una interesante división entre comunidades célticas que pertenecerían a la parte de Aragón y a la de la Meseta. Una idea interesante pero poco argumentada (Masdeu, 1784; 111 y ss). En este momento, junto a las publicaciones de Masdeu, más orientado hacia Cataluña, y los Mohedano, hermanos que tratarán el ámbito andaluz, aparece otra obra de especiales características, *El discurso sobre el modo de escribir y mejorar la Historia de España* (1816-1843). Una obra de J.P. Forner escrita hacia 1788 y en la que saldrá un tanto soslayada la historia de la antigüedad y no hay referencia al caso celtibérico, pero se reflexiona sobre como escribir la Historia de España, su uso político y su valor (Wulf, 1994).

Otra obra magna de recopilación histórica que arrancará hablando, brevemente (pp: 6-9), de los pueblos celtibéricos será la de José de Loperráez, *Descripción Histórica del Obispado de Osma con el Catálogo de sus Prelados*, publicada en el año 1788. En este breve espacio hace una interesante recopilación de las fuentes clásicas, sobre todo Plinio y Ptolomeo, haciendo hincapié en los aspectos geográficos y toponímicos de ellas. Étnicamente identifica como integrantes de la Celtiberia a pelendones, vacceos, arévacos, belos, duracos, numantinos y termestinos, diferenciando a su vez a astures, lusitanos y vettones. La interpretación de esta variedad de etnias la interpreta como una división de la región en "señoríos", que se conservarían hasta época de los romanos e incluso los "moros".

Bibliográficamente sigue a Flórez en la interpretación y los puntos de interés y a Harduino y al Marqués de Mondejar como antecesores suyos en el tratamiento del tema.

Ya al final del siglo, en el mismo año 1799, se publica el estudio de Cornide en la Real Academia de la Historia, *Noticia de las Antigüedades de Cabeza del Griego*. Como contextualización de los hallazgos mencionados intentará un acercamiento riguroso a los dos aspectos principales de la investigación del momento, la geografía descrita en las fuentes y su correspondencia real, y la conformación étnica y política que se repartirá ese espacio geográfico. Esto le llevará a esforzarse por encontrar una traducción de todos aquellos elementos referenciales utilizados por las fuentes a su posición política en el mapa de la Celtiberia.

Todos estos acercamientos serán clave a la hora de establecer las bases de la arqueología de los celtíberos e influirán en los investigadores futuros. Durante principios del XIX la lnea de investigación seguirá como hasta entonces, por los patrones marcados hasta ahora, pero poco a poco se comenzará a crear una escuela investigadora, muy influenciada por los franceses y alemanes, y a desarrollarse una cierta actividad "profesional" en la arqueología. Políticos, abogados, médicos, sacerdotes o ingenieros seguirán siendo parte de los aficionados más activos en este trabajo, pero comienzan a verse ciertas trazas de escuela arqueológica.

II. 2. 2. – La arqueología celtibérica española del siglo XIX.

La producción arqueológica del XIX tendrá dos partes muy bien diferenciadas en cuanto a tratamiento de la historia y discurso arqueológico se refiere. Una primera será tan solo continuación de las Historias Generales en las que las referencias a elementos antiguos serán preámbulos más o menos trabajados y, por lo general asumidos sin más de otros como Flórez o Masdeu. La otra vendrá marcada por la publicación de las primeras historias de la antigüedad y, muy especialmente, por el cambio que supuso la publicación en 1850-67 de la obra que vendría a sustituir a todas las historias antes escritas, la *Historia General de España desde los Tiempos Primitivos hasta Nuestros Días*, de Modesto Lafuente. Será en esta segunda mitad del siglo cuando se desarrolle la base interpretativa necesaria para los grandes tratados de principios del siglo XX, introduciéndose en los círculos especializados un número importante de investigadores extranjeros de gran peso (ver punto **II. 3**).

En este punto se comenzará a diferenciar también un nuevo tipo de arqueólogo y de publicación arqueológica, relacionada con el "noble deporte" de excavar. Así aparecerán publicaciones, casi todas noticias y memorias, sobre numerosos lugares celtibéricos excavados, aunque en estas publicaciones no se solía producir teoría ni interpretación. Surgen entonces trabajos como los de Nicolau Bofarull (1850) en relación a las intervenciones en la necrópolis de Hijes o "Higes", como lo citan entonces, libro que hoy no se conserva, encontrándolo citado en otras obras como la de Mariana (1852) y más en profundidad en Cabré (1937).

En esta línea de trabajos ya había comenzado la excavación de Numancia por Eiro (1906), y más tarde la de Saavedra en los años 1853, y entre el 1861 al 67, quien identificó en la publicación de la memoria de excavación que publica en 1861, el emplazamiento de los restos de La Muela de Garray como la mítica Numancia de las fuentes. Estos trabajos no serán publicados en extensión hasta que, en 1877 aparezca el libro de Delgado, Olazábal y Fernández Guerra, presentando los patrios descubrimientos de la ciudad que resistió al imperialismo de Roma.

En la línea de las publicaciones de descubrimientos sobre arqueología celtibérica está también la obra de Nicolás Rabal (1888), esta vez sobre otra ciudad recurrentemente aparecida en las Historias Generales, como es Tiermes.

Así, de ahora en adelante van a proliferar las excavaciones arqueológicas, autofinanciadas por los interesados en muchos casos o por asociaciones interesadas en este pasado legendario (como pasa por ejemplo con la Sociedad Económica de Soria, y tantas otras entidades asociadas a lugares con rices históricas).

El tratamiento del tema desde el punto de vista histórico tiene un importante punto de referencia en el trabajo de Cortés y López, quién realiza, hacia 1836, una síntesis de corte historiográfico sobre los pueblos prerromanos y su problemática. Será la primera vez que se haga esto, lo cual implica un creciente peso de los estudios sobre el tema y que el autor podía disponer de material suficiente como para hacer cierto examen, aunque más bien de corte recopilatorio que analítico. Este conocimiento parece serle de mucha utilidad sobre todo a la hora de intentar definir las márgenes de las zonas tradicionalmente asimiladas a las distintas etnias, lo que para él es importante por su preocupación por las diferencias entre los distintos grupos que forman el panorama protohistórico hispánico. En cuanto a como concibe él la formación de la Celtiberia, lo más representativo será la aportación de los olcades como parte de esta, así como el énfasis en las diferencias con otros pueblos no – celtíberos, y cuestiones como el problema del origen y asentamiento de los lusones.

Sin embargo, el gran despegue comenzará en la segunda mitad del siglo XIX, donde comenzaremos a ver obras de hombres dedicados casi con exclusividad y erudición al campo de estos estudios. Desde un ámbito muy desarrollado, como es la epigrafía, aunque también lingüística y numismática, aparecerán las obras del Padre Fidel Fita [Fig. 19]. Este jesuita catalán, nacido en el barcelonés pueblo de Arenys de Mar, comenzó desde muy pronto su interés por la epigrafía, numismática e Historia Antigua, afición que no abandonó nunca, ni siquiera cuando murió en su celda del convento. Sus aportaciones fueron numerosas, también en el campo de la naciente protohistoria.

Figura 19:
El padre Fita (1835 – 1918) al final de sus días en la Academia de la Historia. Numerosos investigadores han tratado la vida y obra de Fidel Fita, una de las figuras clave de los incios de la investigación protohistórica actual. (Foto: Abascal, 1999)

Ya en 1878, un año antes de su ingreso en la Real Academia de la Historia, aparecía su *Restos de Declinación Céltica y Celtibérica en algunas Lápidas Españolas*. El problema de los grupos pre – romanos comenzaba a tomar cuerpo y se empezaba a definir un ámbito de especialistas trabajando como tales en ello. En 1879 ingresa en la Academia y su discurso vuelve a versar sobre los mismos derroteros, titulándolo, *El Gerundense y la España Primitiva*. Su trabajo será ímprobo, analizando " ...*más de doscientas inscripciones hispano – romanas*..." (Fita, 1879: 234), y centrando y delimitando lingüísticamente ciertas zonas como la Lusitania céltica, Celtiberia o ciertos puntos de la Bética. Será también en este momento, durante la segunda mitad del XIX, cuando aparezcan los primeros elementos de epigrafía celtibérica (a parte de las monedas por entonces bien conocidas y ya algo estudiadas), apareciendo trabajos como los de Fernández Guerra (1878) o Fita (1882) estudiándolos en exclusividad.

Pero por encima de esta investigación especializada que comenzaba a definirse en España, existe una teoría y concepto de la historia que afectará igualmente a esta investigación. Este influjo vendrá desde la Teoría de la Historia, la política y las corrientes de pensamiento provenientes del extranjero. El principal cambio producido en estos momentos será obra anteriormente citada de Modesto Lafuente (1850 – 67). Su importancia radicará, como bien indica el exhaustivo trabajo de Wulf (1994), en la repercusión que su obra tiene como interpretación de la propia historia de España. Tal y como este autor analiza, existen una serie de puntos clave en la interpretación de la obra de Lafuente, mezclando ciertos elementos tradicionales del pensamiento y cultura de España, con nuevas tendencias interpretativas venidas de fuera y un nacionalismo español exaltado. De esta forma encontramos unidos en su obra una serie de puntos básicos (Wulf, 1994; 864-866) que definen su nueva visión del desarrollo, finalidad y objeto de la historia. Su modelo interpretativo reúne un providencialismo de corte cristiano muy mitigado, la defensa de los caracteres nacionales, el invasionismo y el difusionismo creciente en la interpretación en Europa, y una teleología de los sucesos históricos que se revelará muy ligada a los planteamientos de la política. No olvidemos que aunque su obra como historiador fue muy famosa y de gran calidad, la formación de Lafuente fue política. Modesto Lafuente fue un hombre vinculado al clero desde el comienzo de su carrera y finalmente sacerdote, acomodado en puestos académicos y políticos al principio en León, Astorga y Santiago de Compostela, y más tarde en la propia Corte en Madrid, donde también fue académico de la Historia.

Su concepto de los orígenes todavía no tiene una carga ideológica céltica, asumiendo el impulso europeista y los "valores nobles" de los celtas como defensa de la unidad nacional. Esto se debe a que todavía estos se estaban forjando en Francia o Alemania, y que el problema de las raíces étnicas no estaba aun resuelto conforme esta interpretación exige, cosa que no llegará hasta la creación del paradigma ligur como base étnica sobre la que asentarse los celtas, creado por d´Arbois.

En una primera parte de su obra, los libros I y II, aborda los orígenes de los pueblos primigenios de España como celtas, íberos y su mezcla, los celtíberos. A estos les adscribirá valores "patrios" originales e inherentes a su ser, prevaleciendo, en caso de que tuviera que ser así, el factor ibero de origen indoescita. Estos pueblos se pervertirán en su pureza al contacto con el componente griego y sobre todo fenicio cartaginés. Estos pueblos quedarán entonces excluidos de los valores que tanto alaba y que solo se conservarán en el interior de la Península y que, citando a Estrabón serán "...*sobriedad, valor, agilidad, repugnancia a la unidad, ..., en definitiva por los rasgos nacionales esenciales*" (Lafuente, 1850 vol. I: 309-310).

Los habitantes del interior, guardianes de los primigenios valores se enfrentan a Cartago, aliándose con los romanos quienes, según Lafuente, nunca hubieran podido vencer de no ser por los hispánicos. Roma se convierte en aliada y vencedora, siendo una adversaria digna para sucumbir a ella por su poderío y grandeza.

Si embargo la pérdida de esa libertad es lamentable para Lafuente y aparece por primera vez una referencia a las instituciones sociales de estos pueblos en relación con su estructura social, algo que Costa explotará con profundidad más tarde.

La Celtiberia que describe será semejante a la que nos transmite Estrabón, al cual suele seguir con preferencia, colocándola en el interior de la Península, lugar de preservación de ese carácter patrio.

Sin embargo, el tránsito entre un siglo y otro lo va a marcar una obra otro hombre de la política española del momento e ideólogo. En el asistimos al tránsito entre siglos con una recopilación de los trabajos de sus antecesores, asumiendo muchas de sus ideas, asimilando muchas otras venidas de las corrientes europeas e iniciando puntos de vista novedosos en el análisis de la problemática sobre los celtíberos. Este autor será Joaquín Costa, quien publicará ya en el año 1879 una pequeña obra titulada *La Organización Política Civil y Religiosa de los Celtíberos*. Costa, político regeneracionista de corte republicano y progresista, estará siempre interesado en el sentido de los sistemas sociales y su proyección desde el carácter nacional. Autor de obras como *Oligarquía y*

Caciquismo o *Colectivismo Agrario*, su interés en los sistemas sociales, legales y económicos en los "primeros españoles" se encaminará por este aspecto [Fig. 20].

Figura 20:
Joaquín Costa fue un defensor de la europeización, de la autonomía local y del colectivismo agrario. Afirmaba que estas primeras comunidades gozaban de estructuras sociales complejas pero sobre sistemas económicos de tipo colectivista que estarían entre los "valores" nacionales y por tanto que deberían ser recuperados.
(Foto: López Jiménez, 2000)

Su atención estará centrada en aspectos hasta ahora muy poco desarrollados de la arqueología céltica, como por ejemplo la religión y la estructura de poder y gestión, así como la legislación y jurisprudencia (no en vano Costa era abogado).

En 1917 Costa reedita su obra, corregida y considerablemente aumentada, con el título *La Religión de los Celtíberos y su Organización Política y Social*. En ella se unen algunos elementos sacados de estudios provenientes de diversos ámbitos, contactos personales como su amistad con el Padre Fidel Fita (al cual está dedicado este libro), y algunos elementos asumidos de la tradición popular.

Es muy interesante ver como se concibe el campo de la religiosidad con unas connotaciones naturalistas casi animistas, pese incluso a la figuración relacionada con el mundo mitológico céltico, haciendo hincapié en el culto a las piedras, pero ejemplificándolo con las mamoas gallegas y otros elementos megalíticos.

Su obra tendrá una amplia base en las fuentes clásicas, aunque las referencias serán espaciadas, principalmente Estrabón, Plinio, Diodoro, César o Tito Livio, pero también maneja y utiliza todas las demás que puedan estar relacionadas.

Por otra parte el análisis de la evidencia va a contener elementos verdaderamente novedosos, combinando estudios filológicos (Saavedra, Hübner, Fita), arqueológicos (Villaamil, Saralegui, Fergusson, Tubino, Aguirre) y por primera vez el uso los paralelos etnográficos (Rodrigo Caro, Martín, Michel). También aparecerán elementos de jurisprudencia antigua con los que comparará conceptos de derecho y economía, como el *Código de Manú*, la *Lex Luiprandi*, las *Leges Anglo-Saxonae*, o el *Minos* de Platón.

Muchas de estas influencias vendrán por sus conocimientos de la escuela francesa, que había comenzado tiempo atrás a desarrollar el campo de la etnología comparada, a través principalmente de las lecturas de la *Revué Celtique*, la cual conoce muy bien.

De estos estudios nacen ideas como la de la *"juris continuatio"*, aplicándolo a la legitimación del poder de las dinastías reinantes como herencia de los dioses (recurrentemente documentado etnográficamente y bien ejemplificado en el caso de los emperadores romanos), con los que se entroncaría por medio de un antepasado mítico, siendo el poder hereditario y legítimo por consanguinidad con la divinidad.

Su mayor aportación será la de intentar reconstruir las sociedades célticas y sus estructuras internas, recogiendo algunos tópicos ya explicados en el capítulo dedicado la escuela francesa y fijando otros [Cuadro 6].

La imagen que se desprende de la visión de Costa es la de una sociedad dividida en órdenes y clases, de carácter gentilicio, como aquella que reflejan las fuentes en el siglo I a. E.

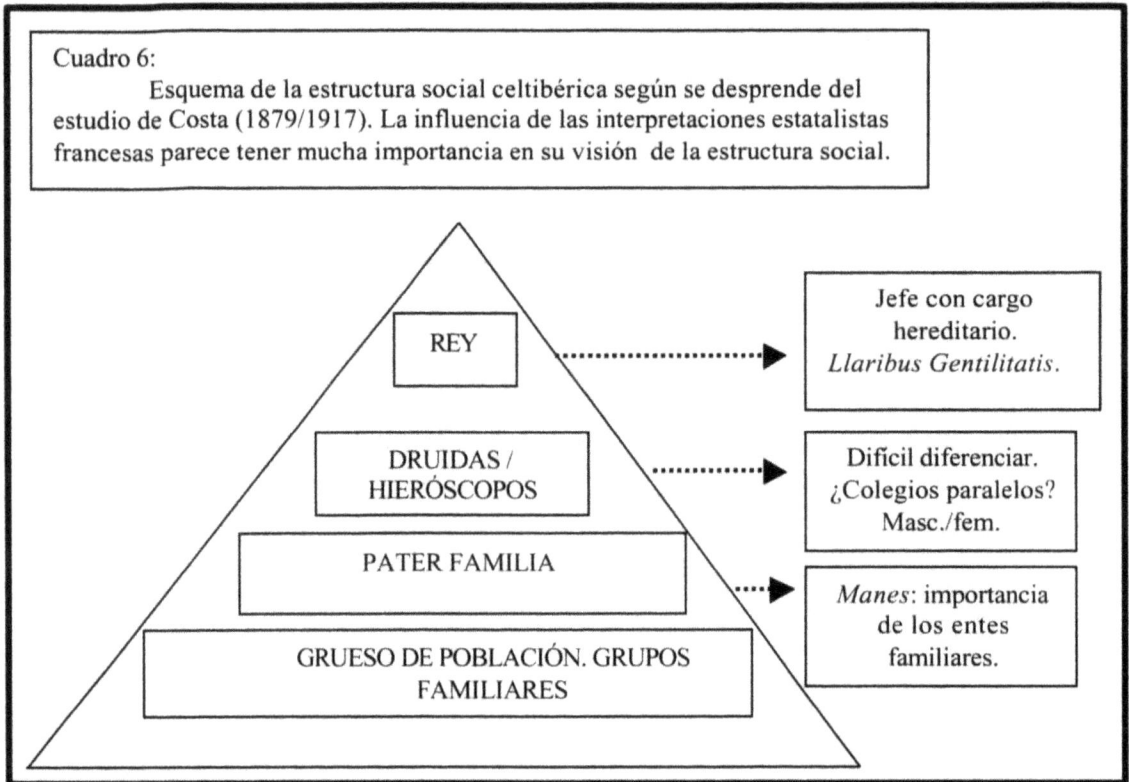

Cuadro 6:
Esquema de la estructura social celtibérica según se desprende del estudio de Costa (1879/1917). La influencia de las interpretaciones estatalistas francesas parece tener mucha importancia en su visión de la estructura social.

Aunque no está nombrado se nota claramente que está muy influenciado por los planteamientos de d´Arbois sobre todo en el modelo de pueblo de raíces centroeuropeas, venidos a España impulsados por su carácter y cuya estructura social debe ser similar a lo interpretado para las sociedades altomedievales irlandesas por d´Arbois.

En cuanto al tema de su origen queda admitido explícitamente (no en la obra anterior, 1879) su filiación aria, indoeuropea, citando dos obras básicamente, una sobre el origen de los indoeuropeos de Pictet (1863) y la clásica de Fustel de Coulanges *La Cité Antique*. Sin embargo las ideas están claramente influidas por el pensamiento alemán y francés de principios de siglo y se adivina el influjo, probablemente indirecto, de la escuela de Kossina.

Para construir este esquema Costa se basa en gran medida en el planteamiento filológico de Fita, en los paralelos del mundo británico e irlandés (sobre todo este último) y los testimonios de las fuentes con un criterio bastante poco selectivo.

De todo ello se desprende una sociedad con una base colectiva bastante homogénea, rústica y basada en lazos familiares extensivos, regidas por un *pater familia* que representaría a esta ante asambleas de clan (d´Arbois, referencias a instituciones parecidas entre los germanos -Tácito-). Sobre estas una comunidad de hombres y posiblemente mujeres dedicados / as al "sacerdocio", tal y como describen los romanos a los druidas y sus sociedades en el mundo galo (César), y en la cumbre de esta pirámide un rey, no muy bien definido que trae reminiscencias del Ambicatus de d´Arbois o Déchelette.

Durante este tiempo la actividad de la arqueología será, aunque comienza a tener una deontología, una actividad de gentes desahogadas, derivada del anticuarismo o la erudición que concebirá la celtiberia como base cultural de España. El inicio de esta actividad profesional será gracias a trabajos como los del padre Fita, o Modesto Lafuente, que aunque más tendencioso, sigue una cierta coherencia histórica en sus argumentos. Su caracterización estraboniana deja ver un sentimiento de contaminación por parte de los elementos mediterráneos al situar a la celtiberia en el interior, específicamente definida como "sin contactos mediterráneos", como paradigma de estos valores patrios (Lafuente, 1850: 308-310).

Joaquín Costa será el hombre clave de la transición entre los dos siglos y dos etapas de la escuela española. Aporta la preocupación por el método de estudio y el componente social, así como traer a la Península estos elementos generados en Francia y Alemania y con ellos conceptos como el de las estructuras de poder basadas en el parentesco, los "valores" inherentes de los pueblos célticos (valores nacionales), su tronco indogermánico y la relación directa con los elementos "célticos" irlandeses. Esto no significa que su trabajo fuera su única fuente de penetración, ya que como veremos a continuación, la entrada en el siglo XX estará preludiada por una serie de investigaciones a cargo de elementos extranjeros, principalmente franceses y alemanes, que serán muy relevantes en el ámbito de la arqueología y marcarán el futuro de la investigación en España y la trayectoria de sus investigadores hasta antes de la Guerra Civil.

II. 3. – Autores extranjeros.

Desde muy temprano la Península Ibérica había despertado el interés de los investigadores de otros países, comenzando primero por tratar lo céltico como parte de historias más globales y más tarde de manuales de prehistoria generales (Cartailhac, 1886), analizándose más avanzado ya el siglo XIX el tema céltico con detenimiento. Desde el campo de la filología, principalmente (Humboldt, 1879; Hübner 1888; d'Arbois, 1889), se abordaron estas cuestiones que poco a poco tomarán un cariz más arqueológico (Sandars, 1913; Schulten, 1914, 1922), pero que no tendrán una cierta similitud de planteamiento con los actuales hasta los trabajos de Almagro (1935, 1939, 1947-48).

La escuela alemana había caído en la cuenta del interés arqueológico de la investigación céltica en España desde temprano, haciendo referencia a ella en obras de carácter general sobre la cuestión. Entre 1896 y 1910 aparece en Alemania una voluminosa obra A. Holder titulada *Alt-Celtischer Sprachschatz*, un diccionario de términos relacionados con el tema de la cultura céltica en general y haciendo referencia al mundo celtibérico en el primero de los volúmenes, donde se interesa por hacer una recopilación de aquellas fuentes clásicas que hacen alguna mención a los celtíberos, (1856, Vol. I: 959-975).

En 1821 Wilhelm Freiherr, Barón Von Humboldt ya había comenzado a tratar el tema de la adscripción étnica de los pobladores de la Península Ibérica a través de los estudios filológicos en su libro *Prüfungs der Untersuchungen über die Ubewohner Spaniens Vermittelst der Vaskischen Sprache*. La trascendencia de esta obra, tardía en España, es claramente visible al contemplar las numerosas traducciones realizadas en varios idiomas. En 1866 ya existía en Francia, traducida por M. A. Marrast, en una edición muy fiel a la original. La primera traducción española llegará aquí en 1879, gracias a la traducción de Ramón Ortega y Frías, bastante ajustada al original, y más tarde, tras la guerra civil se realizaron algunas traducciones de entre las que destaca la de Francisco Echevarría (1959), prologada por el entonces director del Instituto Arqueológico Alemán, Arnald Steiger. Esta última obra se basará en buena parte en las traducciones de Telesforo de Aranzadi que publica antes de la Guerra Civil, en pleno renacimiento de los nacionalismos y promoción de las historias patrias (1935).

La trayectoria profesional de Humboldt responde muy bien al movimiento generado desde principios del XIX de ascenso de Alemania y necesidad de colonización, si no todavía política, sí cultural. Así, cuando escribe en su libro "*...el estudio del alemán se propaga tanto en las demás naciones que la ventaja de leer a cada autor en su idioma no nos pertenecerá pronto exclusivamente*" (Humboldt, 1821: 12). Con ello quiere dar a conocer, con un cierto aire de superioridad, la importante formación en la academia alemana y la importancia de su país en Europa, donde ya la gente estudia su lengua como recurso.

La creencia de que la lengua puede dar la clave de la etnicidad, adscripción cultural y facilitar la reconstrucción de grupos culturales y sociales fue desarrollada por él en trabajos posteriores, fruto de numerosos estudios sobre el Occidente y Sur de Europa, y sus dialectos y lenguas arcaicas como el Manx, Gaélico, etc., incluyendo el también vasco.

Estos trabajos derivaron en planteamientos verdaderamente interesantes, como el de inferir cómo el desarrollo de las ideas puede estar en relación con las formas gramaticales, conectando el lenguaje y el proceso de las estructuras cognitivas ya a mediados del XIX (Humboldt, 1859).

En cuanto al planteamiento sobre la composición étnica y lingüística de la Península Ibérica, Humboldt será el creador de la hipótesis del "vascoiberismo", que hasta hoy conserva adeptos entre los profesionales de la arqueología. Esta hipótesis contempla a la actual población del País Vasco como herederos lingüísticos de la población ibera. El vasco será entonces un último reducto de la lengua de los antiguos iberos a través del cual poder reconocer rasgos de su estructura social, cultural e ideológica.

Antes que él, Erro y Astarloa habían intentado conectar estos dos elementos a través de análisis filológicos no muy ortodoxos. En el caso de Juan Bautista de Erro y Aspiroz, en su *Alfabeto de la Lengua Primitiva de España* (1806), intentó encontrar derivaciones directas de palabras en celtíbero e ibero que conectaran con el vasco actual mediante la reinterpretación de ciertas raíces. Es el caso del nombre de los arévacos, que divide en su raíz como *areva / areba* de *area* y *ba*, que sería en vasco "llanura baja", haciendo referencia a los poblamientos de las llanuras del Duero.

Además de estas bases, su marco teórico estará marcado por la escuela germana, principalmente por el historicismo incipiente de corte rankiano, y el difusionismo de las escuelas etnológica y filológica, asumiendo muchos elementos derivados de las descripciones de las fuentes sobre el carácter de estos pueblos por la obra de Mommsen. Saldrán de su *Historia de Roma* una serie de adjetivos recurrentes en las fuentes y algo magnificados por la investigación, describiendo a los pueblos pre-romanos como rudos, belicosos, honorables y bravos, buenos guerreros pero pésimos soldados, sin coherencia política ni militar (Mommsen, 1849 III; 219).

Uno de sus mayores intereses será hacer un seguimiento de los topónimos celtas y no celtas en la Península para definir las áreas de asentamiento de esa población. Tomando esta línea de investigación hace una de las primeras separaciones por zonas toponímicas, dándose cuenta de ciertas zonas de mayoría casi excluyente de ciertos términos de uno u otro signo. Este procedimiento, muy utilizado todavía hoy para marcar ciertas zonas como territorio céltico o ibérico, ha inundado de mapas muy parecidos las publicaciones hasta nuestros días (Almagro Gorbea, 1991: 13, 1993: 123 – 159; Lorrio, 1991: 26, 1997a: 49-51, 1997b: 87).

Se extenderá bastante en estos nombres celtas, señalando las raíces que marcan su adscripción, aunque a veces sin justificarla etimológicamente (Humboldt, 1821: 114). Los elementos claramente célticos serán los -*briga*, -*dunnum*, -*magus* o -*vices*. Por ejemplo en el caso de –*briga*, se asume por contexto que significa "territorio celta", sin buscar un etimología o argumentar nada más allá. Otros términos, como los –*dunnum*, serán claramente asumidos como céltico / vascos.

A través del estudio comparativo de topónimos en la Península Ibérica y analizando la lengua vasca llega a la conclusión que esta es la sucesora de la hablada por los iberos, que solo hablaban esa y que su identidad es la de los pueblos que hablan vasco. Sin embargo, los celtas dejaron algunos nombres en territorio ibero, reconocibles por los -*seg*, -*ebor* o -*nence*. En estos lugares parece ser que resulto una mezcla de caracteres y culturas que propiciarían la llamada cultura celtibérica. Esta mezcla para Humboldt llegará a todas partes menos al pre-Pirineo y la costa meridional.

En cuanto a los celtas "iberienses" no son precisamente gálicos, pero tienen una relación con ellos por el idioma, aunque sin renunciar al dominio de lo ibérico como motor cultural.

Lo ibérico tiene una gran importancia para él, concretando algunas cuestiones que en aquel momento se barajaban sobre su origen o dispersión. Establece que no existen fuera de la Península Ibérica, excepto en la Aquitania Ibérica, y afirma que en la fachada atlántica no pueden existir porque son todos pueblos célticos, incluyendo a los caledonios, que se discutía en aquel momento sobre su origen.

Sus raíces pudieran ser de oriente, o quizá ser la población autóctona, pero lo que descarta es su origen italiano o afín.

Desde Humboldt nos queda el vascoiberismo y el sentido de los análisis toponímicos y lingüísticos como referencia de los restos dejados por los pueblos prehistóricos, así como una importancia de los procesos autóctonos muy por encima de lo que era normal en la época y una relevancia del mundo ibérico que se irá perdiendo con el tiempo y no se recuperará hasta los años ochenta.

Entretanto, desde el mundo de la academia francesa, principalmente relacionado con el incipiente mundo del Paleolítico, aparece en escena el francés Emile Cartailhac (1845 – 1921), que en 1886 publica una obra de recopilación sobre la prehistoria peninsular titulada *Lês Ages Prehistóriques d'Espagne et Portugal*. Cartailhac tuvo siempre bastante relación con la Península, aunque esta es su obra más general y donde se introduce de forma más amplia en otros periodos de la antigüedad [Fig. 21].

Desde su puesto como profesor en Toulousse se había acercado en ocasiones a la problemática de España, así como a través de algunos viajes y contactos con arqueólogos del país. En 1880 había asistido al Congreso Internacional de Prehistoria y Antropología, y tras largos viajes y visitas a España, y una correspondencia más o menos importante con investigadores que trabajaban aquí, aparece este libro.

En él realiza una recopilación y, en cierto modo organización, de los materiales de todas las épocas, del Paleolítico a la Edad del Hierro. Como en el caso de la obra de Obermaier (1931) algún tiempo más tarde, la descompensación en el tratamiento de los elementos es clara, dedicándole más espacio y demostrando mucho mejor conocimiento de las primeras etapas. Es necesario reconocer que conoce publicaciones recientes para la época de publicación, como Cova Serinya o numerosos monumentos megalíticos, y maneja una bibliografía amplia, pero contrasta con la poca actualidad de los elementos proto – históricos el desconocimiento de numerosas publicaciones de este periodo y la falta de criterio sobre los datos reflejados.

Muestra un retraso considerable en cuestiones de tipología y cronología que ya era conocida y usada por los demás especialistas en el tema, paralelizando con numerosos yacimientos europeos.

Figura 21:
Portada del libro de Emile Cartailhac (1886) dibujada por M. Boule. El influjo del anticuarismo se deja entrever en este cúmulo de objetos asociados sin orden. Dentro tendrán mucho más peso y claridad los primeros periodos de la prehistoria peninsular que la Edad del Bronce o del Hierro, pobres y apenas bien apuntadas.

Pero lo que más le impide acercarse a la problemática de los pueblos célticos será la falta de manejo de las fuentes, imprescindibles para su estudio en estos momentos.

Aborda la obra con gran interés y una cierta actitud paternalista y casi chovinista, aunque es de suponer que algo mitigada después del patinazo de 1878 con las declaraciones sobre Altamira.

Entre los principales contactos de Cartailhac en España se encontrarán numerosos arqueólogos españoles, especialmente el joven Bosch y extranjeros, en especial el belga Luis Siret, al cual prologa su libro de 1913 *Questions de Chronologie et d'Etnographie Iberiques*, así como otros colegas del campo del Paleolítico como Obermaier o Breuil.

En 1921, durante el transcurso de un Seminario que estaba impartiendo en Ginebra muere inopinadamente. En España su amigo y auto-considerado discípulo, Pedro Bosch Gimpera, realiza la necrológica, recordándolo como el "maestro Cartailhac", un hombre "...*honesto y noble que tenía escrito en su cuarto de trabajo: Chaque soir plus plaisible el meilleur* " (Bosch, 1921-26: 220) [Fig. 22].

Figura 22:
Emile Cartailhac en 1872, pocos años antes del descubrimiento de Altamira.
(Foto: Página Web de la *Société Archeologique du Midi de la France*.
www.Pyrenet.fr/savants/samf/membres/cartailh.htm)

En el campo de la investigación prehistórica será por aquél entonces que aparezca una obra de síntesis de pretensiones similares a la de Cartailhac pero con mayor acierto proto – histórico. Esta es la del muy famoso y repetidas veces laureado Emile Hübner [Fig. 23]. Para Hübner que llevaba muchos años trabajando con elementos arqueológicos y filológicos en España, y conoce el país bien, está muy claro cuales son las cuestiones de interés desde el punto de vista de la Historia Antigua.

Su promoción académica fue rápida y completa en España y Portugal, por donde había viajado en 1860-1, 1881, 1886 y 1889, publicando, eso sí desde Berlín, numerosas obras como *Epigraphische Reischeberichte aus Spanien und Portugal* (1861), *Die Antiken Bildwerke in Madrid* (1862), *Inscriptiones Hispaniae* (1869), o su *Monumenta Linguae Ibericae* (1893), incluso la voz "Celtiberi"

para la *Encyclopaedie der Classichen Altertumswissenchaft* (1899).

Figura 23:
Emile Hübner (Düsseldorf 1834, Berlín 1901) contribuyó de forma singular al desarrollo de la Historia Antigua en España y se significó por sus trabajos tanto epigráficos como de análisis historiográfico, siendo referente obligado para los investigadores posteriores.
(Foto: Abascal, 1999)

Sus afinidades académicas y teóricas (y quizá personales) le llevaron a editar junto con Hercher, Kirchhoff, Mommsen y Vahlen la revista *Hermes, Zeitschrift für Klassische Philologie*, entre 1866 y 1881, y *Archaeoloische Zeitung* entre 1868 y 1872.

Fue nombrado a lo largo de sus actividades en la Península Comendador de número de los Reales y Distinguidos Ordenes de Carlos III y de Isabel la Católica y de la Portuguesa de Santiago; Académico de la R. A. H. de Madrid; Individuo de la Real Academia de las Ciencias de Lisboa y de las de Barcelona y Sevilla; Socio de la Geográfica de Lisboa, de la Asociación de Escritores Portugueses y de la Arqueológica Luliana de Palma de Mallorca, entre otras.

Hübner es la personificación del colonialismo intelectual alemán iniciado por Humboldt. Muy bien preparado y con un manejo excepcional de las fuentes clásicas y la filología, pertenece a una generación de profesionales con conciencia de academia que ha dejado atrás el anticuarismo que en aquellos momentos todavía vivía España, sí no conscientemente, sí a través de la actuación y modos de algunos arqueólogos "de campo" e interpretaciones teóricas pobres. Su crítica será muy dura con lo que considera falta de preparación para disquisiciones críticas e históricas, inexperiencia en el manejo de los clásicos, carencia de conocimientos de latín y nulos de griego y una proliferación, que él considera intolerable, del anticuarismo (Hübner, 1888: 9). Por todo ello califica a la academia española como atrasada y necesitada de una renovación.

Desde su puesto en Berlín, y gracias a los numerosos viajes por Europa, escribió sobre la epigrafía latina con un conocimiento directo y amplio tanto de ella como de su contexto histórico y arqueológico.

En 1888 aparece *La arqueología de España y Portugal*, donde Hübner intenta compilar toda la arqueología que ha visto y discutido en tantas ocasiones en la Península. El trabajo de Hübner será siempre metódico y exhaustivo, analizando las fuentes y a los propios historiadores como parte de la reconstrucción mediante su discurso. Su análisis recorre la parte filológica, epigráfica, monumental y numismática, demostrando una gran cercanía a los presupuestos de Humboldt (al cual dedica su obra de 1893), otorgando un protagonismo especial al componente ibérico. Sin embargo la reconstrucción de la Celtiberia se hace de retales, uniendo los datos numismáticos a un análisis filológico no muy acertado donde ni siquiera se diferencian la lengua celtibérica de la ibérica. A partir de estos elementos la descripción de la Celtiberia será bastante sencilla, dividiéndola en Septentrional, Meridional e Interior, dándole una especial importancia a esta última por ser la poseedora de lugares con mito como Numancia, Tiermes, Segóbriga, o Bílbilis.

Pero la más completa y exhaustiva obra sobre el origen formación, etnicidad y carácter de los celtíberos vendrá de mano de la academia francesa mediante la obra de d´Arbois de Jubainville (1893-94).

En este momento se establece una diferencia patente entre la interpretación académica francesa y alemana sobre la prehistoria peninsular. Mientras los alemanes van a haber desarrollado el iberismo como elemento cultural de mayor interés por considerarlo sustrato autóctono, los franceses van ha dar una total primacía al celtismo, retomando d´Arbois el término "galo", que tan pocas veces usó en obras más generales, y alternándolo con celta o celtíbero. El sentido que a partir de este momento toman ambas posturas va a estar cada vez más implicado en ciertas connotaciones políticas europeas y nacionales que heredarán los autores españoles.

En el transcurso de los años 1893 y 1894 aparecen dos largos y densos artículos, uno continuación del otro, de d´Arbois de Jubainville en la prestigiosa *Revue Celtique* de París.

Esta será la guía básica de la interpretación céltica de la protohistoria peninsular que tan buena acogida tendrá entre la escuela de Madrid y se potenciará sin límites tras la Guerra Civil. Estas 100 páginas suponen un punto de referencia muy importante para reconocer cual era la visión del panorama céltico en aquel momento en todas sus facetas, mostrando además muchos elementos teóricos ideológicos y políticos de la época.

La primera aportación será plasmar en papel una afirmación intuida y, al parecer, largamente discutida sobre el motivo de la venida de los celtas o galos (en este caso prefiere usar el término *Gaulois*) a la Península Ibérica. Con una argumentación plagada de referencias a las fuentes describe como los galos / celtas se enteran de las riquezas de Iberia mediante las leyendas y poemas griegos y se lanzan a la conquista de este territorio fenicio y decadente que explota las costas del Mediterráneo desde Tartessos al Levante: ..."*La puissance phénicienne était alors fort ébranlée: ceux des Phéniciens qui étaient restes dans leur pays d'origine subissaient le joug des Perses depuis l'anne 537...*" (1893: 359).

Así, los galos se adueñan fácilmente de la Península gracias a la decadencia fenicia menos en las costas del Mediterráneo, controladas por las colonias griegas y las costas del Océano, dominadas todavía por los fenicios en el Sur (..."*Cadix et les environs alors accupes par les Pheniciens*") (1893: 359). Los grandes problemas para mantener este *"empire celtique d'Éspagne"* (1893: 361) será la invasión cartaginesa iniciada en el 236, lo que supone para él unos dos siglos de dominación gala sin oposición. Esta dominación, apoyada además en los textos de Ephoro (380 a. E.) Eratóstenes (276 a. E.) y en cierto modo Herodoto y Estrabón, se rompe inevitablemente con la llegada de los cartagineses y más tarde con los romanos.

D'Arbois realiza una amplia recopilación de testimonios de galos en Hispania, en las fuentes griegas y latinas y en los topónimos y antropónimos que aparecen en ellas. Los nombres celta, gálata y galo, son para él de idéntico significado, debiéndose a Varrón, doscientos años después de la caída del "imperio céltico hispánico", la traducción del Κελτους griego por Celtas que parece tomar prestado de los *Comentarii* de Cesar (51 a. E.). Son nombres rastreables algunos de los que aparecen en las fuentes luchando contra Cartago, como el derrotado general Istolatios, que según Diodoro Sículo (I. XXV) dirigía a celtas y otras poblaciones sometidas por estos como los iberos septentrionales o los tartessios: ..."*non seulement des Tartesses, c'est-à-dire des Ibères du Midi...*" (1893: 362). La población autóctona, representada por iberos y, restos ligures en la zona interior, será de mínima importancia en el modelo de d'Arbois.

Es, al contrario de la escuela alemana, un celtista a ultranza al que las demás culturas le parecen pálidos reflejos de esta gran civilización sometedora de estos débiles íberos influenciados por la laxitud de los comerciantes de oriente. Su necesidad de ver celtas en Hispania le lleva a tomar ciudades como Cástulo entre las celtas basándose en un texto de Plutarco (*Sertorius*, 3,3.)., Munda o Certima (Málaga) cosa que le cuadra muy bien con su política de invasiones.

En este panorama los celtíberos son considerados como una parte de población céltica integrada en todo aspecto en esta cultura, tanto por sus costumbres como por su lengua, religión o vestimenta, el famoso *sagum*. Siguiendo a Fabio Pictor y a Estrabón, el término celtíbero se referirá a las poblaciones celtas de Iberia, aunque reconoce que las fuentes (Polibio) hablan de otros celtas que estarían diseminados desde el cabo de San Vicente a Finisterre [Figura 24].

Hará mucho hincapié en el elemento del *sagum*, ya que aunque distintivo de la celtiberia, él consigue relacionarlo con un origen galo, generado entre los lusones, pueblo celtibérico de estrecha relación cultural con los galos.

La geografía de la céltica será otro punto que tratará ampliamente, definiendo los territorios celtas del Sur como la beturia céltica. Los celtíberos se extenderán por todo el interior, desde la margen derecha del Ebro al alto Tajo y alto Júcar, Toledo, Cuenca y Castellón. Asumirá la mayor cantidad de pueblos nombrados por las fuentes a los celtíberos, que para él es una definición global que recogería a numerosos grupos célticos de Hispania [Cuadro 7].

Entre los pueblos célticos los arévacos serán los más significativos, teniendo bajo su directa influencia a los Titos, Belos y Pelendones. Esto lo interpreta así, partiendo de una primacía de la facción arévaca protagonista del episodio de Numancia, que se solaparía territorialmente con estas otras etnias según referencias de Apiano, Plinio o Ptolomeo entre otros.

El elemento geográfico va a tener gran importancia, adscribiendo así las ciudades nombradas en las fuentes y los hallazgos arqueológicos a pueblos nombrados en las fuentes por su zona geográfica. Los arévacos tendrán un tratamiento especialmente interesante por parte de d'Arbois. Parece aceptar de Plinio la raíz del nombre como derivado "*...d'une rivière Areva*" (1894: 20), justificando entonces el empleo del sufijo céltico -*aco*.

El empeño por caracterizar lo máximo posible a cada uno de estos pueblos considerados celtibéricos será enorme, recorriendo cada cita y referencia de autores clásicos y asimilando en todo lo posible las referencias a lugares y estos a los hallazgos y ciudades antiguas que por la zona se encuentren. D'Arbois exporta el modelo del galo fiero, independiente, luchador y de elementos de unión que evidencien la existencia de un imperio céltico europeo (Noreuropeo) común a los grupos irlandeses, Noritálicos y gálicos. Esto contrastará con la civilizada pero decadente sociedad mediterránea, ejemplificada por los fenicios y que debilitará, al eliminar los rasgos nobles

Figura 24:
El mapa descrito por d´Arbois (1893-94) representa una Península céltica sin oposición hasta la llegada de los Cartagineses. Este sería el panorama entre los siglos V y III a. E., durante el apogeo del "imperio céltico" en Hispania. Más tarde los cartagineses y luego definitivamente los romanos acabarán con esta situación.

CELTÍBEROS	IBEROS
AREVACOS - Belos - Titos - Pelendones. VACCEOS LUSONES ORETANOS GESSORIENSES BERONES AUTRIGONES TURMODIGOS SUESSETANOS	VETTONES EDETANOS (no nombra más)
	SOMETIDOS A LOS CELTAS
	TURDULOS (Zaragoza – *Salduba* túrdula, fundación ibérica conquistada.)

Cuadro 7:
Adscripciones de los etnónimos aparecidos en las fuentes según d´Arbois de Jubainville (1893-94).

(célticos: valor, independencia, espíritu de lucha,...) de ellas, a las poblaciones aculturadas por estos.

Esta gran obra influirá en los autores posteriores de forma singular, pero sobre todo los planteamientos de base sobre la primacía de lo céltico, los valores representados por la Numancia de Apiano o Plinio. También los investigadores y excavadores del mundo céltico se verán afectados por sus ideas y a veces por sus esquemas sobre la llegada de los celtas o la geografía de la Celtiberia, como en Costa, Cerralbo y Cabré, García y Bellido, Almagro o Santa-Olalla entre otros. Muchos serán a través de b reflejado de él en otros como Déchelette, muy conocido y leído en España, y otros pocos lo leerán directamente, aunque algo tarde. Su obra no es verdaderamente reconocida hasta las últimas décadas, y aun así solo por un reducido número de especialistas.

Durante estos años ha comenzado sus publicaciones de los trabajos realizados en el Sudeste español el ingeniero belga Luis Siret (1860 – 1934) [Fig. 25]. Su dedicación profesional le permitió introducirse en el problema del Bronce Antiguo y Medio en Almería y Murcia, objeto y ámbito que irá ampliando con el tiempo. Acabará siendo una importante figura del panorama arqueológico español, correspondiente de la R. A. H. (1905) y miembro de otras instituciones relacionadas con la arqueología española, sus colaboraciones e investigaciones en otros campos como el ibérico le harán famoso en la profesión. Uno de los más interesantes trabajos al respecto de su vida y otras producciones, que no vienen al caso aquí, será el publicado por Mederos (1996) sobre la vida y obra de este gran investigador.

En el año 1887 ya había publicado un libro titulado *Les Premiers âges du metal dans le Sud-Est de Espagne*, que haría traducir en 1890 para presentarlo al premio Martorell que ganó en esa misma convocatoria. No tocará para nada el ámbito del Hierro, restringiéndose al periodo y las zonas que conoce. Su siguiente publicación importante será la de su libro *L'Espagne Prehistorique* (1893) en la que comenzará a tocar el tema del Bronce Final y el Hierro pero muy someramente, ya que de 78 páginas que tiene el libro tan solo 2 se dedican al Hierro restringido al mundo ibérico.

No será hasta 1913 cuando por fin se atreva a iniciar una obra de carácter global donde abordará ampliamente la cuestión de los celtas, la celtización de la Península e incluso la figura de los druidas. El libro, publicado en 1913 se titula *Questions de Chronologie et d'Ethnographie Iberiques*, constará de dos volúmenes y lo prologará el mismo Cartailhac.

Figura 25:
Luis Siret fue el gran sistematizador de la Prehistoria del sudeste español. Sus trabajos fueron múltiples y tocaron temas variados, aportando importantes elementos para establecer las bases de la moderna arqueología.
(Foto: Ripoll Perelló, 1985: 7)

En él aparecerán explícitas las teorías de Siret sobre la celtización de España, argumentando sobre los planteamientos de otros autores, principalmente d'Arbois, Déchelette y Montelius.

La celtización de la Península ibérica es para él anterior a la propuesta por d'Arbois hacia el 500 a. E. e incluso al siglo VI que propone Déchelette coincidiendo con su inicio de la Edad del Hierro. Sin embargo se sitúa entre lo que otros autores denominan como inicio de la presencia segura de celtas, en el X a. E. para Déchelette, en el IX a. E. para Montelius y hacia el VIII a. E. para Siret.

Su apoyo en cuanto a análisis de las fuentes va a ser principalmente Avieno, dando mucha importancia a la entrada de las poblaciones célticas y su asentamiento sobre otras autóctonas. Estos primeros celtas serán los Cempsis y Saefes, ocupando desde los Pirineos a Gadir. Esta entrada la entiende Siret como una invasión, implicando un cambio de población y raza, demostrado según él por el cambio de nombre con el que se definen. Estos movimientos son justificados por testimonios como los de Ephoro, Eratóstenes o el texto de Macrobio en el que aparece un rey de la Hispania Citerior llamado Theron, que se cree que es celta, y que intenta apoderarse del templo de Hércules y es rechazado por los tartessios. Estos celtas en su avance desplazarán a otros pueblos como los Ligures y Draganos, pero respetando las zonas de influencia ibera y tartésica [Fig. 26]. Las relaciones entre estos grupos y las zonas de la costa norte de Europa serán fluidas, remitiéndose en ocasiones a las comunidades irlandesas (d´Arbois) y a los elementos galos y goidélicos como afines. Es curioso ver como se relacionan las islas británicas, ligadas ya al mito pancéltico por la tradición (ver capítulo I.3.5) lingüística y del análisis de las fuentes, en el ámbito de lo arqueológico afirmando que parece haber cerámicas del tipo Bronce Medio del Sudeste español pero degeneradas en el Sur de Inglaterra.

Otro elemento al que prestará mucha atención será a la religión y en concreto a la figura de los druidas. Con Siret comienza una tradición más propia del mundo de la Europa atlántica y desarrollado ya en profundidad en el caso de la literatura irlandesa, francesa etc. Recurrirá a las tradiciones recogidas desde los clásicos y sobre todo a dos publicaciones clave que aparecen algunos años antes y que consolidan una línea interesante de investigación, la de la historia de la religión o del aspecto cultual, fuera de la leyenda y la superstición, la de Dottin *La Religión des Celtes*, y la obra de Bertrand *La Religion des Gaulois*. Sobre ellas y otras muchas tradiciones y lecturas de testimonios como los de Cesar o Plinio, construye una argumentación bastante original. A la luz de los descubrimientos en la zona de sus excavaciones debió darse cuenta de que existe una religiosidad que entendió como referida a cultos elementales, al agua, aire, fuego etc.

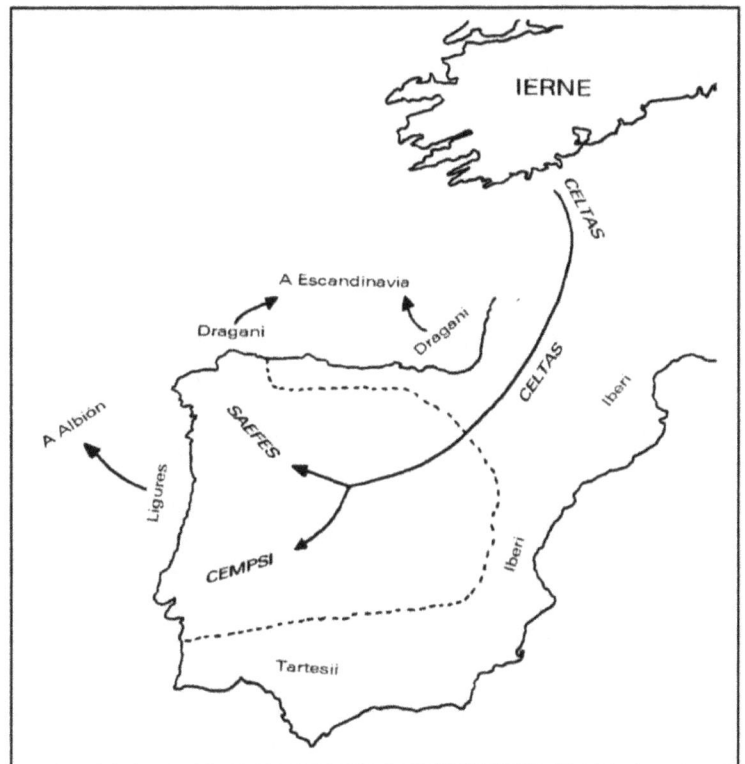

Figura 26:
El mapa de las invasiones célticas según Siret recogerá numerosos movimientos hacia y desde la Península Ibérica. Los pueblos célticos se asentarán en el interior, diferenciándose de los iberos y tartessios más dados a relacionarse comercialmente. Este será el panorama durante esa llegada entre las primeras introducciones del Bronce 1400 a. E. por parte de los celtas hasta el siglo V a. E. cuando ya se habrán estabilizado políticamente.

Esta base existirá en toda Iberia, pero al introducir los Celtas el bronce en la Península, con él traen su religión. Las elites guerreras que aparecerán hacia la segunda mitad del segundo milenio (± 1400 a. E.) trayendo sus estructuras sociales, el conocimiento del bronce y su religión se asentarán como aristocracias guerreras, pero no barrerán del todo el sustrato indígena. Este permanecerá en los druidas, como parte de una elite anterior a los celtas, supervivientes de una raza y una casta tolerada y hasta respetada por los invasores. Estos druidas de carácter pacifista, en contraste con el espíritu céltico, no pueden compartir el concepto religioso de los *"...chevaliers celtes"* (1913: 438). Evidentemente para que casen ese carácter pacífico y de sabiduría ancestral y mistérica con el mundo céltico, rudo y de guerreros hay que hacer un malabar que en este caso consiste en sacarlos de ese contexto y colocarlos en otra dimensión cultural. Esta convivencia sería posible gracias al interés y respeto mostrado por los "caballeros" celtas, un curioso adjetivo que implica adjudicarles unos valores morales y una categoría medievalesca poco justificable si no es por más por el mito que por la evidencia.

El año posterior una dura y completa crítica, sobre todo sobre los ajustes cronológicos y el tema del proceso de celtización, será escrita por Bosch en el *Anuari de l'Institut de Estudis Catalans* (1914: 935 – 937).

El estudio de los iberos y celtíberos, dentro del panorama arqueológico comienza ya ha mostrarse como un espacio de grandes posibilidades. Los límites de unos y otros no estarán nada claros, confundiéndolos, mezclándolos o sencillamente tratándolos como un todo. Sin embargo durante los primeros años del siglo XX ya habían comenzado a luchar por la definición y caracterización del mundo ibérico. Entre los extranjeros que trataron el tema quizá el más acertado fue Horacio Sandars. Su famoso trabajo sobre las armas de los pueblos iberos fue reconocido y leído con rapidez. Sandars era un londinense, ciudad donde murió en 1922, y se consideraba a sí mismo como arqueólogo.

En España tuvo gran amistad con Francisco Álvarez - Ossorio, director durante los primeros años del siglo XX del Museo Arqueológico Nacional, al que finalmente dedicó su obra *The Weapons of the Iberians* (1913) una vez traducida. Esta obra y el conocimiento adquirido durante su gestación le permitieron escribir poco después su *False Iberian Weapons* (1914). Formó parte de la Royal Society of Antiquaries of London y de la R. A. H. de Madrid. Su obra pertenece a una concepción diferente de la Historia y la Arqueología, apartada de la mayoría de los presupuestos de las vertientes francesa y sobre todo alemana. Esta es la razón por la que, aunque influenciado por las lecturas necesarias sobre temas ibéricos y conocedor de estas, su visión será algo diferente. Ya el título del libro, en el que son los iberos los protagonistas, no casa con ciertas líneas celtistas pero si algo más con el incipiente movimiento que luego veremos por parte de las escuelas levantinas, principalmente Barcelona, para comenzar una arqueología de los iberos.

Asumirá la teoría de las invasiones como parte de la necesidad de plantear un panorama étnico y cultural sobre el que definir qué y quién son iberos. El resultado de esto no será muy afinado, ya que el término entenderá más iberos como gentes de la Iberia (celtíberos incluidos) que como grupo étnico diferenciado.

Para Sandars un primera fase constará de la invasión de los celtas o galos (usa el nombre indistintamente) hacia el siglo VI a. E., mezclándose con los iberos, que serían los primigenios pobladores, y formando la etnia de los celtíberos. Una segunda corresponderá a la que se documenta en Delfos, donde entran los galos hacia la primera mitad del siglo III a. E.

A pesar de que el libro adolece de un interés tipologicista normal en la época, se esmera en definir, hasta donde puede, las etnias y pueblos que compondrían ese grupo celtibérico. En primer lugar los arévacos, los más fuertes y principales, luego, posiblemente influenciado en cierto modo por d´Arbois, los pelendones, que apunta podrían ser una facción de los anteriores o clientes suyos. Recogerá también a berones, lusones y belos, dejándose fuera a gran número de los nombrados por las fuentes y otros autores.

Lo que más le interesará será resaltar su carácter belicoso, recogiendo tópicos de todos los autores anteriores como valerosos, amantes de la libertad, rudos, fieros, laboriosos, leales o despreocupados por la muerte. Lo que los asimila a los grupos celtas que generan estas definiciones.

No será un celtista, pero en cierto modo refleja y transmite los elementos de definición de estos grupos, sobre todo los celtibéricos, que se estaban asumiendo entonces en España y que los investigadores españoles trabajaban entonces.

Pero si un investigador extranjero ha sido considerado como el mayor de los celtiberistas este ha ido Adolfo Schulten [Fig. 27]. Aunque sus trabajos más conocidos y la mayor cantidad son de después de la Guerra Civil, las primeras reflexiones y trabajos, las primeras excavaciones y la conformación de su posición y planteamientos teóricos sobre la cuestión de la Celtiberia serán gestados a principios de siglo.

Nació en Elberfeld el año 1870, y estudió en Bonn filología clásica, de donde se nutría en muchos casos la academia germana de arqueólogos, si no provenían de la Historia del Arte. Al tomar su carrera un corte arqueológico opta a una pensión del Instituto de Arqueología para viajar entre 1893 y 1895 por Europa, principalmente Italia, el Norte de Africa y Grecia. En 1896 consigue una plaza de profesor en Göttingen y en 1907 se coloca en el puesto que definitivamente ostentará toda su carrera, la Cátedra de Arqueología de la Universidad de Erlangen.

Schulten se ganará numerosos nombramientos en diversos países Europeos, y en España es nombrado miembro de la Real Academia de la Historia.

Figura 27:
Adolfo Schulten será famoso por sus trabajos sobre la celtiberia prerromana y romana, y especialmente en Numancia y sus campamentos. Este alemán mantendrá buenas relaciones con los arqueólogos y políticos españoles, ya desde principios de siglo cuando algunos de ellos estuvieron en Alemania como becarios, y hasta los años de la postguerra.
En la foto vemos la dedicatoria de puño y letra del propio Schulten a la Asociación de Estudios Reusenses de su libro de 1953, *Cincuenta y Cinco Años de Investigación en España*.

La fama y el mito desarrollado en torno a la historia de Numancia le llevó a pasearse durante el verano de 1902 por el cerro de Garray, que anteriormente ya había estudiado Saavedra y, consiguiendo sus planos los estudia como parte de un proyecto de trabajo en el yacimiento durante 1903 a 1905. Será este año cuando, con la autorización oportuna, comienzan a picar el 12 de agosto en Numancia.

Poco después el éxito publicitario de los hallazgos fomentará la tensión política. El trabajo que Schulten había comenzado con 1500 marcos cedidos por las academias de Berlín y Göttingen se acabaron pronto. Los trabajos no hubieran podido continuar de no ser por la intervención del protector y maestro de Schulten, el Profesor Wilamowitz – Moellendorft, quien intercede por él ante el Káiser Guillermo II que donará, posiblemente, más de 50.000 marcos para esta empresa.

Por otro lado el monumento al valor y heroísmo numantino se plasma en un obelisco que se coloca en el yacimiento y el propio Alfonso XIII inaugura. La presión política crece hasta no permitir que un extranjero excave ese yacimiento, quedándoselo la Comisión de Excavaciones y concediendo su trabajo a J. R. Mélida y Blas Taracena. Sin embargo esto no le impedirá seguir manteniendo buenas relaciones con los arqueólogos españoles, dedicándoles incluso libros (Schulten, 1933, 1953).

Entre su bibliografía encontraremos obras desde 1914, que aparezca el primero de los cuatro volúmenes de *Numantia* (1914 – 31), y recogerá sus pensamientos sobre los hallazgos en Soria y el carácter y conformación de los celtíberos, hasta las obras de postguerra traducidas por importantes arqueólogos españoles (1933, 1953). Muy influenciado por Pierre París, la mítica neblina de lugares épicos como Alesia y la pertinaz sombra de su maestro y protector Wilamowitz, su arqueología será más de descripción que de producción de grandes teorías, aunque sus análisis de fuentes, repaso histórico y contextualización de los pueblos prerromanos es interesante. Al parecer la imagen de Schulten entre sus propios colegas alemanes era más la de un chico voluntarioso y trabajador pero lejos de ser brillante que la del sabio extranjero que en cierto modo cultivó en España. Esto parece desprenderse de los documentos analizados por Blech en un reciente trabajo sobre los argumentos interpretativos basados en nuestra disciplina (Blech, 1995).

En cualquier caso la interpretación de Schulten sobre la formación y trascendencia de los pueblos celtibéricos quedarán como parte importante del pensamiento de la época, trascendiendo a los investigadores de postguerra y dejando ciertos elementos hasta hoy. El poblamiento de la Península Ibérica según Schulten se habría dado en tres aspectos diferentes relacionados con tres pueblos: los ligures que serían los primeros pobladores y formadores del sustrato; los invasores iberos del norte de Africa; y los invasores provenientes de Europa, los celtas.

Los ligures formarán la base de la población sobre la que se asentarán unos y otros, mostrando como evidencia la cita de Avieno sobre el *lacus ligustinus* que para él estará en relación lingüística con otras raíces asimiladas más tarde por los celtíberos. Asumiendo los postulados generales de Humboldt, relaciona estos pueblos con los actuales vascos, aunque eliminando su relación directa con los primigenios iberos. Estos se verán desplazados por todas las poblaciones más tarde llegadas.

Los iberos, llegados de Africa, penetrarían hacia el siglo VI a. E. en la Península y se asentarán en el sur y levante, llegando hasta la costa y sur francés. La llegada de los celtas será muy similar en el tiempo, pasando por los tradicionales pasos de los Pirineos tomando el oeste de la Península. En los que se refiere a la formación de los celtíberos tendrá una teoría muy diferente a todo lo escrito hasta ahora. Para Schulten los iberos de la zona sur de Francia, ya celtizados, (Aquitania y Provenza) se verían empujados durante los movimientos galos del V a. E. trayendo su aporte cultural al territorio central de la meseta donde se mezclan con los celtas que se habían asentado sobre pueblos ligures [Fig. 28]. Los celtíberos toman entonces un carácter ibérico principal, pero bajo dominio céltico y adoptando su sistema de valores.

Para él los valores nobles (valores tópicos célticos) son motivo de exaltación nacional en toda época y signo inequívoco de la descendencia de estos pueblos. El valor, arrojo, amor a la libertad, …, serán los mismos para los celtíberos que se enfrentan a Roma que para los españoles contra Napoleón.

La antigüedad presentaba para él una serie de pueblos de especial fiereza, como los cántabros astures, celtíberos y galaicos, pero con una diferencia cultural importante que ponía a los celtíberos por encima de todos los demás. La concepción de bárbaro se desprende de su término peyorativo al verse reforzada por una nobleza "natural" que es de admirar, mitigando incluso la definición de "bestiales" que Estrabón atribuye a los celtíberos. Lo que él calificaría de θηριῶδες (bestiales) para Schulten es una denominación común y bastante gratuita que el autor usa para denominar a los pueblos no – civilizados (*Numantia*, Vol. I.: 257).

Estas gentes habrían venido desde Centroeuropa y serían un pueblo indogermano (aquí concreta mucho más que cualquier otro autor anterior sobre los indoeuropeos) que hacia el 700 a. E. viene a la Península en busca de las riquezas y buen tiempo (1933: 20 – 21). Estos se asentarán sobre los ligures que se verán desplazados hacia el Norte (ligures y dragani se extenderían desde las Rías Bajas a la costa francesa). Pero estos pre – celtas no se quedarán para siempre aquí, ya que hacia el 400 a. E. llega una nueva oleada de galos que desplaza y somete a estos "celtico-germanos". Entre estos pueblos de la primera oleada habrá también germanos, afirmando que pueblos como los Oretanos, los Cempsi o los Poemani forman parte de estos y que llegaron con sus parientes celtas.

Pero la adscripción de Numancia es muy importante y la asimila al componente céltico por la terminación en - *antia* y a un sustrato autóctono por el prefijo ligur, a su parecer, *Num-*.

Con el paso del tiempo la postura de Schulten hacia la formación de la cultura hispánica se va radicalizando, aunque sin llegar a extremismos como en el caso de Santa-Olalla. Los iberos que habían comenzado siendo una parte importante pero secundaria como cultura en Iberia en sus primeros trabajos, pasando a ser un pueblos inferior y pobre, ..."*similar a los beréberes*" (1933: 26), muy por debajo del nivel cultural de los celtas. La cultura española no vendrá de aquí, de donde no queda nada, sino de la influencia de los griegos y romanos y de la presencia de importantes elementos germánicos (1933: 25 – 26). Sin embargo una vez Numancia fue ibera, allá por el 800 a. E. y conquistada por los celtas, que asentándose en ese territorio dan lugar a los celtíberos, donde la cultura y los valores predominantes serán los de los celtas.

Schulten tendrá una gran influencia en Pedro Bosch Gimpera quien seguirá sus planteamientos y teorías en buena medida, como veremos más tarde.

Las aportaciones de estos extranjeros serán cada vez más importantes según vaya avanzando el siglo. Desde las obras clave de Humboldt, el pionero de una caracterización profesional de la Celtiberia, donde se produce también uno de los primeros puntos que hoy es clave como la vinculación lengua/ etnicidad y estas con las estructuras ideológicas y mentales. O el primer rastreo toponímico delimitador de las zonas de influencia ibérica o céltica en la Península, de actualidad hoy aun.

Sin embargo estos primeros investigadores no residen aquí, ni siquiera parte del tiempo, sino que hacen una arqueología para sus propios países. Cartailhac, Hübner, d´Arbois, etc., publican en su idioma de origen y lo hacen en editoriales extranjeras, París o Berlín principalmente. Caso aparte será Luis Siret, que aunque se incorporará a la academia española pronto, no desarrollará una arqueología de la Celtiberia, si acaso algunos apuntes sobre el mundo céltico e introduce en España el estudio del druidismo, hasta entonces poco tratado.

Con Adolfo Schulten despega una nueva forma de entender la arqueología, la celtiberia y se integra en la academia española hasta donde no lo habían conseguido hasta entonces. Es el primero en darse cuenta de las diferencias entre los celtas Centroeuropeos y los de la Península, diferenciándolos y desvinculándolos de los grupos de La Téne y Hallstatt.

En general encontramos dos líneas que vienen a responder a los bloques alemán y francés. Los alemanes intentarán centrar su interés en el componente autóctono, por contra a los franceses que serían más celtistas, vinculándolos al mundo galo, y dando preminencia a Francia en la articulación de la Europa antigua. Pero ambos coincidieron en hacer una arqueología colonialista e inevitablemente invasionista.

CAPÍTULO III. – La arqueología española hasta la Guerra Civil.

III. 1. – Las relaciones españolas con Europa a través de la Junta para la Ampliación de Estudios e Investigaciones Científicas (JAE).

El impulso regenerador de Francisco Giner de los Ríos, que había creado en 1876 la ILE, hará posible en los primeros años del siglo XX la aparición de otros órganos de investigación promovidos por él. En 1907, con la creación del Ministerio de Instrucción Pública, se hace realidad uno de sus proyectos más ambiciosos y provechosos para los jóvenes investigadores españoles, la Junta de Ampliación de Estudios, que canalizará toda una serie de iniciativas, como la Residencia de Estudiantes [Fig. 29], el Centro de Estudios Históricos o el Instituto Escuela. Este momento coincidirá con el comienzo de la institucionalización de la arqueología en España (Martínez Navarrete, 1997: 322-323), marcado por la promulgación de la *Ley de Excavaciones y Antigüedades* (1911), o la *Ley de Patrimonio Histórico* (1933) así como de instituciones administrativas como la *Junta Superior de Excavaciones y Antigüedades* (1912) o centros de investigación como el *Centro de Estudios Históricos* (1910) o la *Escuela Española de Historia y Arqueología en Roma* (1910).

Figura 29:
Tras su fundación, la ILE pasó a ser dirigida por un discípulo de Giner de los Ríos, el malagueño Alberto Jiménez Frau (Foto), en 1910, teniendo lugar el primer curso en este mismo año 1910/1911. Numerosos nombres ilustres de la ciencia y cultura española se formaron allí.
(Foto: A. Jiménez Frau. Dibujo: Perspectiva de la Residencia, www.residencia.csic.es/pres/historia/.)

La JAE tendrá como objetivo facilitar becas y estancias en universidades y centros de investigación extranjeros a investigadores españoles. Para los arqueólogos de principio de siglo el impulso de esta iniciativa marcará una diferencia clara entre una generación que podríamos definir "bisagra" y otra que simboliza la primera arqueología profesional en España, con el establecimiento de las primeras escuelas arqueológicas, Madrid y Barcelona.

El trabajo de Díaz-Andreu (1995: 79 – 89, 1996: 205 – 224) sobre este organismo y sus becarios en Alemania es uno de los pocos realizados sobre este particular, manejando gran cantidad de datos. Las cartas de los becados, así como las memorias anuales, las concesiones o denegaciones, y toda la documentación se encuentra hoy en los archivos Residencia de Estudiantes que fue la gestora de este proyecto. El trabajo de Díaz-Andreu, bien documentado y exhaustivo, parece tender hacia una extremada alabanza hacia figuras como la de Bosch Gimpera, dejando en la sombra sin análisis equiparable otras que pudieron aportar ideas, pensamientos o formas de trabajo a la arqueología española.

Arqueológicamente hablando las cifras parecen ser muy claras en cuanto a destinos para las becas [Cuadro 8], siendo Italia el país más solicitado (43, 5%) seguido de Alemania (30, 43%) (Díaz-Andreu, 1995: 1-2).

La trayectoria de investigación en Alemania era mucho más variada y ampliamente diversificada que en España, dando la oportunidad de especializarse y conocer otras aplicaciones interdisciplinares a los pensionados. Saldrán de España filólogos o historiadores del arte y volverán arqueólogos y prehistoriadores con una visión de la disciplina más centrada y clara.

La prehistoria estaba ya aceptada y conformada como disciplina académica en este país, destacando los estudios de Hubert Schmidt y Gustav Kossina, quienes desarrollaron trabajos amplios sobre los pueblos del Neolítico a la Edad del Bronce, aportando gran cantidad de metodología de excavación y catalogación y técnicas tipológicas, así como análisis paleoantropológicos. Los becarios eligieron en muchos casos cursos o seminarios que

Becario (año de beca)	Lugar	Profesor
Telesforo de Aranzadi (1908/1909)	Berlín, Nuremberg, München, Lübeck,	Felix Luschan, Roediger...
Pedro Bosch Gimpera (1911/12 – 1913/14)	Berlín, Munich, Dresde, Maguncia, Frankfurt...	Wilamowitz – Moellendorft, Gruppe, Frickenhaus, Schmidt, Rodenwaldt, Kossina, Meyer, Moritz,
Alberto del Castillo (1920/22/23)	Berlín, Munich, ...	Schmidt, Luschan, Westermann, Moldenhauer...
Luis Pericot García. (1922/31/32)	Frankfurt, Berlín, Maguncia...	Lamer, Springer, Schulten...
A. García y Bellido (1930/31/32)	Munich, Berlín, Treveris, Maguncia, Dresde, Leipzig, Bonn, Colonia ...	Gerhart Rodenwaldt...
Hugo Obermaier (1931)	Hannover, Tübingen, Berlín...	...
Juan Cabré Aguiló Encarnación Cabré (1934)	Berlín, Bremen, Hamburgo...	Walter Matthes...
M. Almagro Basch (1934/35/36)	Marburg, Viena, Berlín, Bonn, Hannover...	Menghin, Schmidt, Merhart, Koppers, Jabosthal...

Cuadro 8:
Podemos ver en él las relaciones que mantuvieron durante las estancias en Alemania los becados de la JAE, cuando y con quién recibieron formación allí.

encauzaban o complementaban la formación clásica que traían de su país. Así podremos observar como las influencias de los trabajos de Schmidt o Kossina aparecen en los de Bosch (1922, 1931, 1932, etc.), aplicando ciertos elementos sobre la formación de las etnias y sus caracteres en sus obras, y reforzados en el sentido metodológico por los contactos con Schulten.

Berlín contaba, además de los profesores ya mencionados, con importantes figuras como Paul Reinecke, Otto Friedrich Gandert, o Ernest Sprockoff, lo que la convirtió en el destino más deseado. Pero otras ciudades albergaban también grandes hombres de la prehistoria alemana. En Viena impartía clase Oswald Menghin, con quien Martín Almagro decide ir a estudiar tras visitar en Marburg a Gero Von Merhart [Fig. 30], con el que va a trabajar al no estar ya Schmidt vivo (Díaz-Andreu, 1996; 208 - 210). Otro importante punto de referencia, por su contacto con el mundo de los museos y la Universidad de Hamburgo, será Walter Matthes, profesor en esta ciudad. Una excepción de la arqueología clásica será Paul Jacobsthal, cuyos intereses tocaban también el mundo mediterráneo y sobre todo la iconografía de las producciones protohistóricas.

Figura 30:
    Gero Von Merhart, profesor de la Universidad de Marburg, fue uno de los más estrictos aplicadores y difusores del "método Kossina", así como de los más influyentes en los arqueólogos españoles becados en Alemania. Especialmente pareció influir en Almagro Basch, tras su estancia con él en 1934.
(Foto: www.archaeologisch.de)

De todos ellos veremos cierta huella en el profesor Almagro, comenzando por Oswald Menguin, precursor del *kulturkreis* de la escuela etnográfica de Viena (1936), de la que recogerá elementos que producirán trabajos en el campo de la etnología, etnografía y paleo-etnología española dentro de esta corriente. De los trabajos de Menghin encontraremos, principalmente una articulación que es deudora del método Kossina y que aparecerá en numerosos aspectos en el discurso de Almagro, principalmente en los primeros años. En la estructura de formación de los pueblos célticos (1935, 1947-48, 1949), o en la delimitación cultural como identidad étnica, llegando a eliminar la diversidad cultural de los pueblos prerromanos en la Península y a aunarla en lo que llamó "comunidad espiritual" (Almagro, 1958: 42). Algunos puntos que vienen directamente de los trabajos de Merhart (1936) y las aplicaciones de campo de Jankhun (1937-39) que en aquellos momentos trabaja en el yacimiento germano de *Haithabu*. De todos ellos y especialmente de los trabajos de Jacobsthal (1908, 1929), parece aprender una sistemática preocupación por la cronología tipológica, por las redes de intercambio y las relaciones comerciales en general y su importancia como motor del "cambio cultural" (1947-48, 1949, 1957).

El estudio del mundo antiguo estaba más desarrollado aún sí cabe que cualquier otro ámbito tocante a la arqueología en Alemania hasta este momento. Las colecciones de los museos eran de una calidad excepcional e inmenso tamaño. Museos como Berlín, Colonia, Wiesbaden, Maguncia, Bonn o Munich, fueron largamente visitados por numerosos especialistas, muchos de ellos españoles. También el desarrollo de las disciplinas filológicas, epigráficas y numismáticas contribuyó a una expansión de los estudios clásicos. El hombre clave para entender esta parte de la disciplina será Ulrich Wilamowitz – Moellendorft, filólogo clásico, maestro de hombres como Schulten, Bosch o Almagro entre muchos otros, y con un gran poder político. En Berlín, donde impartían clases Wilamowitz, Gerhart Rodenwaldt, Robert Zahn, August Frickenhaus, Kegling o Friedländer, los estudios sobre la antigüedad griega y romana se encontraban muy desarrollados, principalmente en el caso del mundo griego visto desde la perspectiva de la filología.

Por ejemplo, el trabajo de García y Bellido con el profesor Rodenwaldt lo introdujo en la seriación tecno-tipológica (Rodenwaldt, 1933, 1937) y el análisis de formas, que en aquel momento estaba comenzando a desarrollarse en los estudios de arte antiguo y su aplicación a la resolución de problemas arqueológicos (García y Bellido, 1941a, 1941b, 1943, 1951).

Pero estas disciplinas no se tomaban en exclusiva, ya que la combinación de técnicas y disciplinas afines estaba altamente desarrollada por la política en expansión del imperialismo alemán. La paleoantropología, la etnografía y la medicina forense comienzan a despuntar con fuerza y a introducirse en los estudios, principalmente de prehistoria. Grandes profesores de estas disciplinas dieron clase a nuestros becados, como Leo Frobenius, Felix Von Luschan y Von Tranwitz en Berlín, R. Martin en Munich o Wilheim Koppers en Viena, o desde museos entre los que destaca el de Hamburgo por la fama de sus colecciones.

Así comenzaron a aparecer elementos de etnología o paleoantropología en las publicaciones españolas a partir de los años 20 y 30.

El contacto continuo con arqueólogos extranjeros, la posibilidad de realizar salidas de estudios a otros países y la fama adquirida por las universidades alemanas en el campo de la Historia y la Arqueología durante el último siglo propulsaron la formación de los primeros arqueólogos en España. A raíz de esto y muy en relación con la cuestión de las escuelas se crearán se fomentarán y apoyarán más o menos unas líneas de investigación u otras, pero con un poso de formación germánica ineludible que marcará las posiciones interpretativas de la arqueología española en este siglo.

III. 2. - Las escuelas españolas de Arqueología.

III. 2. 1. - La generación del tránsito.

Desde principios de siglo, con el proceso de formalización que supone reconocer administrativamente una disciplina, tanto académicamente, mediante cátedras y departamentos universitarios, como por la creación de instituciones que la defienden y fomentan, como museos o comisiones y juntas para su control, se comienzan a definir una serie de tendencias que terminarán creando escuela. De ellas hablaremos en próximos capítulos, pero también existe una arqueología que se mueve con relación a la academia pero sin poderse vincular directamente a una línea de investigación concreta. Esto no quiere decir en ningún caso que estos investigadores estuvieran desconectados de los círculos oficiales, ya que en aquel momento eran pocos los hombres dedicados a esto (la primera mujer será Encarnación Cabré, algo más tarde) (Baquedano, 1993) y de sus contactos, no solo en España sino fuera de ella, dependerá la rapidez y fiabilidad de su información. Como veremos la relación epistolar, las asistencias a congresos y seminarios y la publicación en lugares de amplia difusión serán primordiales.

Pero este grupo de investigadores del mundo celtibérico estarán todavía fuera del impulso regeneracionista que tendía a dotar de un corpus científico y humanístico las disciplinas, con un interés principal en sus bases filosóficas. La inercia de motivación romántica y metodología anticuarista, que tanto tiempo arrastramos en España todavía pesará más en ellos que la regulación de una disciplina. Básicamente serán tres los autores del celtiberismo que se ajusten a este grupo: Enrique de Aguilera y Gamboa, XVII Marqués de Cerralbo; Juan Cabré Aguiló y Narciso de Sentenach y Cabañas.

El primero de ellos será un aficionado erudito, mecenas del arte y la arqueología, cuyo último interés será resaltar la grandeza de la historia patria mediante los resultados de sus trabajos y dejar un legado para que sea recordado. El Marqués de Cerralbo nace el 08 de julio de 1845 y morirá poco antes del golpe de estado de Primo de Rivera, el 27 de agosto de 1922. Político de profesión, desde pequeño se interesó por la numismática y todo tipo de coleccionismo antiguo. El mismo Cabré, amigo y colaborador suyo, comenta cómo gastó íntegramente sus primeras pagas (de una peseta) en una colección numismática (Cabré, 1922: 314 – 315). Este interés se fue acrecentando con los años hasta convertirse en un coleccionista de todo tipo de objetos de arte y un gran aficionado a la arqueología.

Pero su mayor aportación fue la de generar grandes cantidades de excavaciones patrocinadas por él mismo, desde el Paleolítico al mundo visigodo. De sus primeros trabajos aparecen obras como *El Alto Jalón. Descubrimientos Arqueológicos* (1909), o *Páginas de la Historia patria por mis excavaciones arqueológicas* (1911), llevada a al congreso de Ginebra del año 1912 con gran éxito, sobre todo por la espectacularidad del yacimiento de Torralba. Tras este vendrán muchos otros congresos, Madrid 1913, Valladolid 1915, Sevilla 1917 o Huesca 1920, donde contacta con hombres como Cartailhac, Déchelette, o Schulten, entre otros muchos.

En 1913 aparece en la revista francesa *D'Anthropologie et Archéologie* su artículo *Nécropoles ibériques* (1913a), adelanto del que publica en español en 1916 y que amplia con los estudios realizados para su conferencia en el Congreso de la Asociación para el Progreso de las Ciencias, en Valladolid. Este terminará siendo un amplio catálogo de sus hallazgos en las necrópolis celtibéricas excavadas y sobre todo de las piezas más interesantes, encontrando paralelos de todo a las tipologías centroeuropeas de

Hallstatt y La Tène. Entre medias publicará una de sus mayores excavaciones, la necrópolis de Aguilar de Anguita (1913b). El marco étnico teórico sobre el que dibuja a los celtíberos no será muy depurado, asumiendo elementos más políticos y de propaganda nacional.

Para Cerralbo el componente ibérico es primordial y ve a los celtas como invasores, valerosos y ejemplares pero no hispánicos. Estos invadirán la Península ibérica pero no como lo habían hecho en otros lugares, sino bajo el consentimiento de los pueblos iberos que con su hospitalidad les permiten quedar en sus tierras. Esta generosidad ibera unida a su amor incondicional por la tierra junto con la fuerza y fiereza de los celtas dará como resultado el pueblo celtibérico, para él "raza" celtibérica (Cerralbo, 1916: 78). Es curioso porque en su obra anterior había descrito como igualmente invasores a los iberos, que desde Francia, por los Pirineos entran en España doblegando a la población autóctona (1909: 60 – 63). Las necrópolis son nombradas en sus obras (1913a, b, 1916) por el término íberas como por celtíberas, cosa igual para él, y que Déchelette ubica con muy buen criterio como de la celtiberia. Para Cerralbo estarán tan mezclados los conceptos que señala la falcata como identificativa de los celtíberos y los reconoce por Cataluña y Levante.

La arqueología de Cerralbo fue básica para soportar las grandes teorías de sus contemporáneos y sucesores, pero también una pérdida de gran cantidad de información que en aquel momento y con los medios y presupuestos de trabajo no era posible conservar o ni siquiera buscar. Hoy todavía tenemos gran cantidad de elementos integrantes de teorías básicas sobre el ritual funerario, organización social, estructuras políticas y de poder, o simplemente de subsistencia, que siguen basadas en datos poco "estables" generados por los miles de hallazgos realizados por él.

La herencia teórica era inexistente, no así la museística y metodológica, de la cual se hizo cargo, a su muerte, su colaborador y amigo Juan Cabré.

Juan Cabré Aguiló [Fig. 31] es un referente ineludible en la construcción de la arqueología de los celtíberos así como de los pueblos célticos de la Meseta Norte en general. Nació en Calaceite (Teruel) el 08 de agosto de 1882, y vivió toda la vida ligado a la labor arqueológica, hasta su pronta muerte en Madrid el 08 de agosto de 1947, exactamente a los sesenta y cinco años. La arqueología de la Meseta Norte le fue siempre muy familiar, aunque abarcó muy variados campos y periodos a lo largo de su vida.

Figura 31:
Juan Cabré continuó y desarrolló arqueológicamente las líneas de interés de su mecenas, colega y amigo el Marqués de Cerralbo. Las excavaciones dirigidas por él tenían ya una cierta metodología e incluso intereses más novedosos que la pura recolección de objetos exóticos, buscando respuestas a ciertos problemas arqueológicos.
(Foto 1: Juan Cabré Aguiló, en Beltrán 1982: 4. Foto 2: Cabré durante la excavación de la necrópolis de Las Cogotas, en Cabré 1932: lámina XVII.)

Estudió en Zaragoza y con el asesoramiento y apoyo de grandes hombres de cómo Fita, Breuil o Cerralbo, con quien trabó una gran amistad, se introdujo en el mundo de la arqueología prehistórica. Tras una serie de trabajos, con Cerralbo en el campo principalmente y como redactor del *Boletín de Historia y Geografía del Bajo Aragón*, entra a formar parte de la Real Academia de la Historia de Madrid (propuesto por Fidel Fita) y de la Real Academia de las Buenas Letras de Barcelona. Tras estar un tiempo como profesor asociado en París con Breuil, vuelve a España y entra, en 1916 a formar parte de la Comisión de Investigaciones Paleontológicas y Prehistóricas junto con Cerralbo y Hernández Pacheco.

Pero el vínculo definitivo y más importante de su carrera con la arqueología será su nombramiento como miembro de la Junta Superior de Excavaciones y Antigüedades en 1916, lo que le permitirá iniciar numerosas intervenciones. Un año después viene a Madrid reclamado por Gómez Moreno para trabajar en el Centro de Estudios Históricos sobre el arte y la cultura ibérica. No será hasta 1942 cuando se presente a unas oposiciones a museos y, tras sacarlas, se convierta en Preparador de las colecciones prehistóricas del Museo Arqueológico Nacional.

Sus trabajos fueron muy numerosos en todo aquello que pensaba que era céltico, aunque en muchos casos estuviera algo desorientado. Excavó en el Roquizal del Rullo (1928), Monte San Antonio de Calaceite (1907), Azaila (1911 – 1935), Cogotas (1927 – 1931), Atienza (1929), Sanchorreja (1930), El Castillo de Cardeñosa (1931), La Mesa de Miranda (1932 - 1933) o El Raso de Candeleda (1934), entre otros, en muchas ocasiones acompañado por una de las pioneras de la arqueología española, su hija Encarnación [Fig. 32].

En cuanto al concepto por él generado de los celtíberos parece bastante basado en recuperar elementos invasionistas de toda época, comenzando por la llegada de los pobladores de los asentamientos en alto de Bajo Aragón, como pueblos centroeuropeos, venidos hacia la segunda mitad del la "Época del Bronce", que se asientan, tomando elementos del Argar, para producir un tipo céltico cristalizado en las formas cerámicas de Cogotas (Cabré, 1928). Tiempo después las influencias de los pueblos iberos harán que estos acaben produciendo una cultura mixta, completamente formada en el siglo III a. E. Los célticos aportarán elementos como la cerámica espatulada e incisa, en tonos oscuros y más tosca, y los iberos las producciones de colores rojizos y con decoraciones pintadas (Cabré, 1930).

En sus descripciones será la primera vez que se asuma tan claramente una directa relación entre Celtiberia y Meseta Norte, hablando de los celtíberos como de *"...la Edad del Hierro de Castilla..."* (1930: 6).

Bibliográficamente tiene un repertorio más bien limitado, recurriendo con gran asiduidad a Déchelette y a Bosch Gimpera. Al primero para seguirlo y ponerlo como guía de sus series cronológicas, al segundo para estar con él en desacuerdo constante. Seguirá a Déchelette en la cronología, en las tipologías y en cierto modo en la interpretación de la génesis y adscripción étnica de los pueblos celtibéricos. Claro que gran parte del material y las explicaciones de sus contextos, así como dibujos y fotos que Déchelette usó eran de las excavaciones de Cerralbo, y por lo tanto parte del trabajo de Cabré.

Su afán normativista, sin aventurarse más allá de los datos y los "cacharros", le lleva a enfrentarse con las teorías de Bosch en repetidas ocasiones, aunque es uno de los más citados en sus obras.

Cabré será quizá el más profesionalizado de la generación de tránsito, aunque sin llegar a incorporarse a ninguna escuela del todo. Se verá muy influenciado por la llegada del régimen militar después de la Guerra Civil, y aunque no llegará al extremo de Martínez Santa-Olalla, obras como *El Saludo Ibérico, saludo racial precursor del nacional. Su difusión por Europa en Unión del Gladius Hipaniensis* (1943) son reflejo de una clara influencia política en su discurso. Esto será relativamente común, y aunque principalmente los investigadores se limitan a no decir nada que pueda ser políticamente incorrecto, los que tienen intención de medrar o se han emborrachado de la euforia del éxito desbarrarán sin medida.

Las aportaciones de Cabré al conocimiento de la Celtiberia y del mundo del Hierro meseteño en general son principalmente por los materiales encontrados

Figura 32:
Desde muy joven Encarnación Cabré (en el centro de la foto) ayudó a su padre en las excavaciones arqueológicas. En este caso en una de las cinco campañas que desarrolló en la necrópolis de La Osera, Avila. (Foto: Cabré, 1932)

en sus excavaciones, aunque fue uno de los primeros en desarrollar ciertos intentos cronológicos, de relación de culturas por sus elementos materiales y tenía una idea más o menos desarrollada sobre su conformación étnica y su trayectoria cultural.

Otro de los autores de relevancia de este momento y con un curioso punto de vista sobre la constitución y adscripción de los pueblos celtibéricos será narciso de Sentenach y Cabañas [Fig. 33]. Este arqueólogo, pintor y escultor, nació en Soria el 06 de diciembre de 1856 y murió en Madrid el 26 de agosto de 1925. Estudió en Sevilla y rápidamente ingresó en el cuerpo de Archivos, Bibliotecas y Museos, trabajando en el Museo Arqueológico Nacional. Desde muy joven se apasionó por los elementos de arte y arqueología de su región, Soria, y especialmente por el glorioso pasado de sus habitantes mas afamados, los celtíberos. Así, excavó en numerosos lugares arqueológicos como Clunia, Bilbilis, Sertóbriga, etc.

Tras sus numerosos trabajos de campo y varias publicaciones su más interesante y reflexivo artículo será publicado en el año 1914, en la *Revista de Archivos, Bibliotecas y Museos* bajo el título de *Los Arévacos*. En él hace una recopilación de todas sus teorías sobre el mundo celtibérico, su distribución, su propuesta cronológica, su génesis y orígenes.

Figura 33:
Narciso de Sentenach y Cabañas desarrolló ideas originales sobre los celtíberos y su filiación étnica en la que mezclaba el vascoiberismo, los mitos platónicos sobre la Atlántida y las fuentes clásicas. (Foto: Enciclopedia Espasa-Calpe. Voz "*Sentenach*")

Comienza con una amplia descripción de la geografía de la antigüedad, principalmente basado en los textos de Estrabón. El recorrido minucioso por los elementos descriptivos se complementa con un buen repaso historiográfico a las referencias antiguas a la celtiberia, no completo del todo pero sí bastante bien seleccionado.

El resto del artículo será un tanto atípico. Su principal interés será dibujar la línea étnica de descendencia de los habitantes de la Iberia, y más en concreto de la zona oriental de la Meseta Norte, desde los orígenes. Conocidas ya las excavaciones de Cerralbo en Ambrona y Torralba (1908 – 1914) y algunos otros lugares prehistóricos por la zona, su primera intención es vincular a los habitantes de entonces a los de ahora.

Estas gentes serán "...*pre ibero – arévacos desde Torralba...*" (1914: 181), aunque en la página 184 afirma que estas poblaciones provienen de Africa y son "...*trogloditas vasco – africanos...*" (1914: 184). En cualquier caso estos hombres primitivos serán los encargados de formar el sustrato ibero, que soportará más tarde una invasión de los arios de Centroeuropa y formarán así los pueblos celtibéricos.

Sin embargo la procedencia de los pueblos vasco-africanos no queda suficientemente clara, ya que no cree que el sustrato vasco pueda ser ligur, teoría que comenzaba a suplantar al vascoiberismo, y

tampoco los elementos norteafricanos parecían ser referente de los pueblos vascones. Esto se soluciona fácilmente con la aparición de una migración desde la Atlántida de elementos étnicos emparentados con guanches y berberiscos del Atlas, que serían los primeros pobladores o proto-vascos. Estos invadirán toda la Península, aunque de forma difusa.

Los iberos seguirán siendo un enigma para él, sin tener muy claro con qué enlazarlos, pero si que son las bases de los celtíberos, aunque se pregunta sí estos serán o no los antecesores de los actuales vascos.

El componente ario será de vital importancia para Sentenach, dándole primacía sobre lo ibérico y aportando los elementos tópicos del carácter céltico. Esto será el valor, el apego a la tierra, la fiereza, etc. De entre ellos serán lo arévacos los principales articuladores de la celtiberia, protectores de otros como pelendones o lusones, y punta de lanza de la resistencia contra Roma, signo inequívoco de su especial significación entre su raza y de su "pureza aria".

Una vez más los arévacos ejemplifican a todos los celtíberos, se busca el acto heroico de Numancia como referente y se asume que son la esencia de la propia Castilla.

Sentenach dibuja un escenario de la Celtiberia claramente dominado por los arévacos, donde las ciudades clave les pertenecen y aparecen como el pueblo central, articulador de los demás [Fig. 34].

Sus explicaciones migracionistas seguirán claramente las líneas básicas del discurso de Schulten (1905, 1914, 1920), tanto en el análisis del mundo ibérico como en la llegada de elementos célticos, aunque él los denomina arios, y en la hipótesis del vasquismo como último reducto de una lengua ancestral. No así en la cuestión tan particular de la interpretación "atlántica" del origen ni en la explicación de las relaciones étnicas que dieron lugar a la Celtiberia.

Con estos hombres encontraremos otros tantos excavadores incansables y estudiosos entregados, gente que en su momento estaba igualmente entre los especialistas de la arqueología de los celtíberos, pero que quizá dejaron un rastro más claro en el mundo de los museos, sin meterse en realizar grandes reflexiones teóricas sobre el celtiberismo y, por lo tanto, alejados de los elementos de construcción social que nos interesan.

Aportaciones igualmente interesantes por sus trabajos serán las del Conde de Samitier o Morenas de Tejada. Este primero destacó por trabajos en el mundo romano y prerromano, de entre los que destaca el publicado en 1907 *Troballes del Compte de Samitier a Calatayud*. El segundo excavará yacimientos tan importantes como Uxama (1914 –1916) o Gormaz, encontrando dos enclaves básicos de la arqueología celtibérica. Ambos continuarán una arqueología de corte anticuarista aunque erudita, pero poco amiga de grandes modelos explicativos.

Figura 34:
Mapa de la celtiberia en el contexto Ibérico a partir de Sentenach (1914). La hipótesis del "vascoatlanteiberismo" no tendrá más repercusión después de este autor. Este mapa de la Península Ibérica se adscribiría a un momento indefinido en el que los celtíberos ya estarían formados (hacia el siglo IV a. E.). Los pueblos atlantes darían paso a una cultura ibero-africana y en último caso al reducto contra Roma de los vascos.

III. 2. 2. – El área catalana: Pedro Bosch Gimpera.

Hablar de una "escuela de Arqueología" de Barcelona es hablar inevitablemente de Pedro Bosch Gimpera [Fig. 35] (utilizaré el castellano para su nombre ya que él mismo solía publicar con él, y así aparece en la mayoría de los homenajes y publicaciones dedicadas, aunque usaba también igualmente *Pere*). De hecho, la única gran síntesis sobre mundo céltico y celtibérico que surge desde esta escuela será gracias a él (aunque quizá tenemos algunos elementos importantes de ella en la obra de Pericot de 1934 y bastante más tarde en Maluquer, 1958, 1962, 1967, 1975).

Fue un hombre precursor, de mente preclara y de una amplia formación humanística. Su capacidad de trabajo le llevó a producir una gran lista de publicaciones, pero también discípulos que seguirán sus líneas de trabajo, iniciativas académicas como el *Servei d'Investigacions Arqueològiques*. Entre sus más importantes y directos discípulos se encontrarán Luis Pericot García, los hermanos Elías y José Serra-Rafols, Alberto del Castillo o José Tarradell entre muchos otros.

Su iniciativa y visión clara de futuro le llevarán a ser pionero en muchos aspectos, como los viajes a Alemania por la JAE, donde marchará más pronto que ninguno de sus colegas de Madrid.

Su vida marcará decisivamente su obra, determinada por la política y cultura de la Cataluña de principios de siglo, las vanguardias llegadas de Europa y los avatares sociales y políticos de España.

Figura 35:
Pedro Bosch Gimpera al tomar posesión del sillón rectoral de la *Universitat Autònoma* de Barcelona el 19 de febrero de 1936. Se convierte desde muy joven en un importante referente de la recién estrenada Prehistoria, creando escuela, y su rápida carrera académica aparejará una vinculación política que le obligara a exiliarse en febrero de 1939.
(Foto: Ripoll, 1977: 20)

Nació en Barcelona, el 22 de marzo de 1891, y murió en el exilio, en Méjico el 09 de octubre de 1974, con 83 años de edad. Nunca renunció a una formación amplia y lo más completa posible. Por ello tras haber realizado estudios de Filosofía y Letras y Derecho en Barcelona (1910), viaja a Madrid para estudiar en la sección de Historia de la Universidad Central. Se doctorará en la especialidad de Letras en 1911 en Barcelona con *Los poemas de Baquílides de Ceos* y en Historia en Madrid en 1913 con *Los problemas de la cerámica Ibérica*.

De su formación en las universidades españolas sacará un amplio conocimiento en filología clásica y arte antiguo, así como conocimientos de arqueología clásica, pero será durante sus tempranos viajes de estudios como becario de la JAE (1911/12, 1913/14) donde se reconvierta a una arqueología prehistórica completamente novedosa, y un método que introduce la profesionalización de la disciplina al más puro estilo alemán (Díaz-Andreu, 1995; Comas, 1976: 9; Ripoll, 1977: 8-9). Los constantes contactos con Wilamowitz – Moellendorft, Frickenhaus, Rodenwaldt, Kossina o Schmidt le impregnarán de una capacidad sintética renovada, un interés por la arqueología de las poblaciones antiguas y el componente étnico, una técnica de catalogación, tipologización y cronología relativa depurada y un claro concepto de la proyección que la investigación arqueológica debe tener en la academia y la administración.

Tras su vuelta de Alemania comienzan los grandes proyectos de Bosch. Excavaciones como Ampurias, Calaceite, Mazaleón o Gessera, numerosas publicaciones y la creación del *Servei d'Investigacions Arqueològiques* dentro del *Institut d'Estudis Catalans*, o sus actividades desde la Cátedra de Historia Antigua y Medieval de la UAB [Fig. 36].

Figura 36:
Bosch junto con su mujer Josefina García Díaz en la excavación de Calaceite en 1916. En esta primera etapa Bosch desarrolla gran cantidad de trabajos de campo relacionados con la protohistoria y comenzará a fijar sus ideas sobre la celtización de la Península Ibérica.
(Foto: Comas, 1976: 22)

Sin embargo, y aunque en Barcelona su poder crece cada vez más, no se mantiene aislado del mundo académico. Muy al contrario fomenta el contacto con Madrid así como con instituciones y personajes de todo el mundo. En 1915 se integra en la Comisión de

Investigaciones Paleontológicas y Prehistóricas en Madrid, junto con Obermaier, Cerralbo, Cabré, Hernández Pacheco, Vives, el Conde de la Vega del Sella, etc.

Bosch albergaba la idea de crear una red nacional de servicios de arqueología que coordinaran un plan de protección y gestión de estos bienes. Ya en los años 1915 – 1916 había manifestado este propósito, incluso pensando en nombres como Aranzadi y Barandiarán para el País Vasco, o Pérez de Barradas para Madrid. Estos como muchos otros planes, incluidos los desarrollados para la musealización de Ampurias, se verán cortados de raíz por la Guerra Civil, aunque más tarde otros retomarán estas ideas dándoles un corte bastante diferente.

Bosch será el único de la escuela catalana que se sienta profundamente interesado por la celtización de la Península y por la formación de los pueblos de la Meseta, introduciéndose en el tema con una argumentación histórica y arqueológica muy germánica. Se verá atraído por los procesos de larga duración, intentando explicar las conformaciones étnicas mediante análisis de substratos anteriores y establecer ciertos perfiles culturales y étnicos que liguen a esos pueblos. Esto no querrá decir que se desligue del problema ibérico, del que será un gran defensor y sistematizador, separando con lucidez el fenómeno ibérico del celtibérico y del "céltico". Asumirá una posición de iberista, en consonancia con la tradición más germánica que se ve más interesada por este pueblo que por los célticos. Desde Humboldt o Hübner hasta Schulten (gran amigo de Bosch) se desarrollará un creciente interés por estos pueblos, que se irá debilitando después de la Guerra Civil, promocionándose el celtismo incluso en Schulten (1945, 1953).

Las teorías sobre los pueblos célticos en Bosch van a sufrir una serie de cambios a lo largo de su vida, siendo el principal elemento de inflexión la publicación de la *Etnología de la Península Ibérica* (1932).

La primera etapa de su estudio de los celtíberos estará marcada por una gran similitud con los planteamientos de Schulten. Concibe a los celtíberos como gentes de carácter más bien ibérico, aunque existen elementos célticos que son dominados por la superioridad cultural de los iberos.

Ya en 1918 publica un estudio basado en sus trabajos en la zona del Bajo Aragón abordando la cuestión de la formación de la cultura celtibérica. Por medio del análisis de Schulten de las fuentes (Hecateo y Herodoto VI – V a. E.) distingue a los grupos iberos de las tribus célticas del interior, que serán Saefes, Cempsi y Berybraces entre los siglos VI y IV a. E. pero que, argumentando que Eratóstenes ya habla de todos ellos como iberos en el III a. E. estos han debido de ser sometidos por las invasiones iberas, separándose de la celtiberia que se mantendrá en Castilla. De Schulten sacará también la idea de una Iberia poblada por tres elementos étnicos: ligures, iberos y célticos.

Su formación historicista de gran peso difusionista le lleva a ver movimientos migratorios por todas partes donde exista indicio de algún cambio cultural. Esto le convertirá en el gran sistematizador de la teoría de las migraciones e invasiones en España. Desde el primer momento en que llega a distinguir dos momentos claros de estas migraciones tanto por medio de las fuentes como por evidencias arqueológicas (1932), su único interés será afinar más y más en estas, y así llega a distinguir hasta cuatro, en sus trabajos de después de la Guerra (1942, 1944).

En su trabajo de 1921 *Los Celtas y la civilización céltica en la Península Ibérica*, definirá muchos de los elementos que compondrán esta primera fase de su interpretación sobre la celtiberia. Plantea el problema de referirse a pueblos cuya identidad arqueológica o en las fuentes es confusa y difícil de reconocer, refiriéndose a celtas, celtíberos e iberos. Esta cuestión le lleva a hacer recuento de cual es el concepto que otros tienen del problema. Criticando el planteamiento de Cerralbo y Déchelette, y con ellos en general a la interpretación francesa pro-celtista, se alinea con las posiciones más propensas a separaciones claras como las de Sandars (1913), Hoernes o Hubert (1914), que asumen las necrópolis de la zona interior como célticas, separándolas del mundo ibérico.

Su formación como hombre de la Historia Antigua no deja de pesar en él y en este primer momento aísla dos fases claras de poblamiento en la Península por las citas de las fuentes. La primera pertenecería a los textos anteriores al III a. E. pertenecientes a

Hecateo, Herodoto y Avieno, siguiendo a Schulten en su interpretación. Aquí aparece una Meseta poblada por Saefes, Cempsi y Berybraces, primeros elementos célticos, provenientes de la primera oleada que será bien definida en su trabajo de 1932 y vendrá compuesta por Berybraces y Pelendones hacia en año 1000 a. E. La segunda estará marcada por la aparición en los textos de Eratóstenes, hacia el siglo III a. E., de los lusitanos, vacceos, vettones y celtíberos, entre otros. Vendrá a sucederse hacia el 600 a. E. y traería a arévacos, vacceos, berones, lobetanos, olcades y turboletas. Sin embargo estos pueblos quedan en su visión como iberos, y la propia Numancia tendrá un componente netamente ibérico. Su nombre será el signo de que son los iberos los dominadores de los celtas, que desaparecerán en la segunda Edad del Hierro, quedando los iberos más fuertes con sus territorios y relegando a estos a los parajes del Noroeste (1921: 260-266).

Esta invasión del 600 a. E. ya había sido identificada en su trabajo de 1921, postulando las bases para esta segunda interpretación. En esta ocasión ya había sentado las líneas de difusión y entrada de estas poblaciones pertenecientes al centro de Europa, portadores de los puñales de antenas del Hallstatt D, los cuales entrarían por el Sudeste de Francia hasta Roncesvalles (Svessativm), de allí al Alto Ebro, a Pancorbo (Deobriga) y finalmente al Duero, tanto por el Pisuerga como por el Alto Duero –Urbión.

Sin embargo ya había visto entonces (1921) que existía una homogeneidad en el Bronce Final europeo con lo español, atribuyéndolo a ciertas penetraciones de población entre los que estarán los ligures (entendidos como pre-celtas). En el Hierro I comienzan a introducirse por el Noreste elementos hallstátticos que provienen del Oeste y Sur de Alemania creando una supercultura que trae las sepulturas con espadas de hierro (850 – 650) o con antenas de bronce (650 – 500) hasta el Pirineo, y en esta zona se asientan sobre influjos anteriores ligures (Avieno VI a. E.) como son los Dragani, Sordos o Elysices.

Estas pequeñas incursiones e influjos se convertirán en la primera oleada de invasiones ya en 1932.

Pondrá mucho empeño en definir bien el proceso que Cataluña va a ir siguiendo en la prehistoria, señalando con más precisión algunos elementos y periodos. Para él Cataluña avanzaba con normalidad y prosperidad con sus elementos de influencia hallstáttica, pero este equilibrio lo rompen los celtas al irrumpir en la Península.

En 1932 con su *Etnología de la Península Ibérica* replantea algunas de sus teorías sobre la conformación étnica de los celtíberos (1932: 590-592). El poblamiento antiguo de la sierra norte de Soria, asimilado por Taracena a los pelendones y por tanto vinculado a los arévacos (no olvidemos que se ven como dependientes al aparecer estos últimos) hace que se replantee el elemento céltico en la cultura arévaca, aunque se mantiene una iberización desde el III a. E. que se justifica, curiosamente, gracias a elementos generalmente usados por los celtistas. La lingüística de topónimos así como antropónimos y, lo más curioso, elementos de carácter "racial" que Bosch identifica como ibéricos. Para él existen valores relatados por las fuentes que pertenecerían más a los iberos que a los celtas, como son el amor por la tierra, la lucha hasta la muerte (por ejemplo en Sagunto) o la guerra de guerrillas.

Otra gran aportación será la eliminación por primera vez del sustrato ligur, argumentando que los historiadores y geógrafos griegos generalizaron el término de forma indiscriminada, siendo los verdaderos pobladores de estas zonas los de la cultura de vaso campaniforme, o eneolíticos como él los llama constantemente.

En otras obras posteriores afinará sobre los elementos de cada oleada (1941, 1942, 1944, 1952-53) aumentándolas en número y repartiendo en el tiempo las llegadas de diferentes pueblos a la Península.

Sin embargo un concepto esta claro siempre en Bosch, los caracteres diferenciadores de una zona y otra y su proyección en la historia de España hasta nuestros días. Para Bosch ambos pueblos tienen un espacio geográfico delimitado y una proyección hacia el futuro. Se ve claramente que intenta ya asimilar el carácter mediterráneo de los iberos a los elementos levantinos (principalmente Cataluña) que aparece en sus textos como racial, poco organizada, amante de la libertad, creativa y aculturadora, frente a otra "invasión", nórdica, europeizante y de impulso imperialista que simbolizan los celtas y que acaba, culturalmente en la Meseta. La mezcla de ambos no puede ser sino un producto bastante heterogéneo del que cada fuente y cada autor saca lo que le parece.

Bosch estuvo desde los años veinte muy vinculado a la política catalana, eso sí desde el mundo de la academia y la cultura, y es sobre todo en la última época cuando desarrolle sus teorías más ligadas a una visión mediterránea del fenómeno de la celtiberización. Tras un primer momento de sufrir repetidas invasiones célticas y desbancar el mito ligur tan propio de los planteamientos franceses, se produce un paso a delante en la culturización de la céltica hispana al iberizarse los pueblos de la Meseta, hacia el III a. E.

En todos los autores de estos momentos el discurso arqueológico tendrá una cierta connotación política y/o social, pero en Bosch es algo patente. La vinculación política le llevará a significarse en actos públicos [Fig. 37] y a verse asociado a personajes de gran peso en la *Generalitat* y otras esferas del catalanismo político y académico.

Figura 37:
Entierro del presidente Francesc Macià, 27 de diciembre de 1933. De izquierda a derecha Pedro Bosch Gimpera, Pompeu Fabra, General Domenec Batet y el *Conseller* Joan Selves.
(Foto: Ripoll, 1977: 13)

Esta posición le permitió emprender iniciativas de gran visión de futuro, aunque también propiciaron su caída a los ojos del régimen de Franco y su salida de España en enero de 1939 con gran pesar para él. La discrepancia política no había sido ni tenía que ser, salvo en ocasiones contadas a cargo de personas de desmedida ambición, un impedimento para la colaboración en las esferas académicas. De hecho muchos de estos investigadores se encontrarán en el extranjero en congresos y seminarios (Bruselas 1948, o Wartenstein, 1960) donde mantendrán el contacto.

Bosch mantendrá una producción intensa desde el extranjero, aunque después de su primera parada en Oxford con Sir John Myres, y otras intermedias (como por ejemplo de Director de la División de Filosofía y Humanidades de la UNESCO en París de 1948 a 1952), terminará en la Universidad de Méjico y sus intereses se dirigirán hacia otros objetivos. Sobre sus planes museísticos, académicos y sobre sus teorías sobre el mundo céltico planeará la sombra de un hombre de la escuela de Madrid que reconducirá estas iniciativas tras la guerra civil; el joven Martín Almagro Basch.

De Bosch quedará un planteamiento radicalmente invasionista de oleadas (1932, 1933, 1942, 1944), un peso y entidad cultural de lo ibérico, principalmente del valle del Ebro como cuna original, sobre lo céltico y la eliminación del paradigma ligur. Esta interpretación no tendrá muchos seguidores tras la guerra civil, donde el cambio de valores y la identificación con pasados de gloria y colectivos étnicos concretos potenciará otras líneas de investigación. Algunos mantendrán el elemento ibérico como parte inherente del carácter hispánico, reivindicando incluso una cierta segregación académica de la cuestión por el avasallador éxito de los estudios célticos de los que la escuela de Madrid será pionera y constructora en gran medida.

Bosch fue personalmente un hombre inteligente e innovador, comprometido y ambicioso, que supo abrir un camino nuevo para España trayendo el mundo de la prehistoria europea al país. Fue quizá el más internacional de todos sus contemporáneos, y sus publicaciones en catalán, castellano, alemán, francés, italiano e incluso inglés, llegaron a todas partes. Su aportación al estudio de los pueblos célticos, hoy bastante superada, fue básica y muy intuitiva en su momento, pese a no ser para él una investigación priotitaria. No es posible entender la prehistoria de España ni su construcción sin entender la figura de Pedro Bosch Gimpera.

Tras él otros investigadores continuaron con los estudios de mundo ibérico, púnico o griego y romano, pero también en cierto modo con el estudio del fenómeno céltico, tal y como él lo planteó.

III. 2. 3. – La escuela de Madrid.

La que podríamos llamar "escuela de Madrid" se formará por la conjunción de una serie de elementos académicos y personales. Las cabezas de esta escuela serán tres, pertenecientes en muchos aspectos al tránsito entre una generación y otra de arqueólogos, pero que crearán una línea que van a seguir y reproducir sus discípulos. Estos discípulos ya empezarán a ser los grandes hombres de la actual arqueología céltica, verdaderos compiladores y sintetizadores de esta y constructores de sus elementos definitorios y bases sociopolíticas.

En la cabecera de esta línea estarán el profesor Hugo Obermaier, desde la Cátedra de Historia Primitiva del Hombre así como varias comisiones y consejos; el profesor Manuel Gómez Moreno, tanto desde la Universidad y la docencia de la Historia del Arte, como desde el Centro de Estudios Históricos; y Don José Ramón Mélida, desde el Museo Arqueológico Nacional, así como la Junta de Antigüedades y Excavaciones y la R. A. H.

Estos hombres, de los que ahora hablaremos más detenidamente, formaron y legaron en sus discípulos más sobresalientes y con mayor proyección de futuro las directrices que marcarán la arqueología de los celtíberos prácticamente hasta nuestros días.

El profesor Manuel Gómez Moreno [Fig. 38], hombre polivalente, erudito y humanista, fue también un centenario vigoroso. Nació en Granada en 1870 y murió en Madrid en 1970, exactamente cien años después. Hijo del pintor e historiador Manuel Gómez Moreno González heredó de su padre ambas aficiones, el gusto por el arte y la historia. Estudió Filosofía y Letras y se formó como arqueólogo y crítico de arte, siendo especialista en arte musulmán principalmente, aunque sus conocimientos fueron muy extensos y escribió con autoridad sobre temas como la formación étnica de la Península Ibérica (1925, 1941-42, 1958, 1962).

Figura 38:
El profesor Gómez Moreno en una foto de 1925. Fue el representante de la arqueología erudita proveniente del estudio del arte antiguo, las fuentes y la filología, pero contaba con una capacidad de síntesis que permitió abrir de forma cualitativa los horizontes de esta disciplina. Esto combinado con los métodos y conocimientos de Obermaier, con quien compartía Facultad hizo de sus alumnos una generación diferente de arqueólogos. Serán los primeros "prehistoriadores" de la arqueología celtibérica.
(Foto: Homenaje a Gómez Moreno, 1972: 21)

La escuela de Madrid mantendrá en sus primeros momentos la creencia en los elementos ligures pero no como pobladores originales de la Península ibérica, sino como elementos de Centroeuropa que en una primera invasión se hacen con el control de la mitad occidental. Para Gómez Moreno estos ligures, berybraces e indogermanos serán pueblos indoeuropeos que vincula a la cultura del Hallstatt. Esta base étnica será perfecta para que los elementos célticos que según él entran en España hacia el IX a. E. se hagan con la parte ligur de la península, imponiendo su cultura sin mucha dificultad, pero no así en uno de sus movimientos en que se asientan sobre territorio ibero, donde surgen los celtíberos, mezclándose una y otra raza de fuerte "carácter" étnico. No serán estos los únicos pueblos sobre los que se asientan los celtas entre el IX y el VIII, sino sobre otros pueblos de habla indoeuropea como los cántabros, astures, lusitanos, vettones, vascos, caristios, várdulos y los carpetanos, diferentes de los pueblos de habla ibera [Fig. 39].

Para Gómez Moreno el elemento lingüístico es esencial para definir una etnia, prestando especial atención al problema del alfabeto ibero y su transmisión por los pueblos céltico-indoeuropeos (Gómez Moreno, 1922, 1925).

Sus teorías entrarán en conflicto con la escuela catalana, en concreto con los presupuestos de Bosch sobre la existencia de los ligures, su concepto de incorporación de los iberos a la Península, y la ruptura del vascoiberismo de Schulten.

Gómez Moreno será un a importante influencia para todos los arqueólogos formados con él, pero en el campo de la protohistoria el primero de ellos será Blas Taracena, aunque como profesor instruyó a multitud de alumnos y consiguió que varios de ellos llegaran a ser primeras figuras de la arqueología española [Fig. 40].

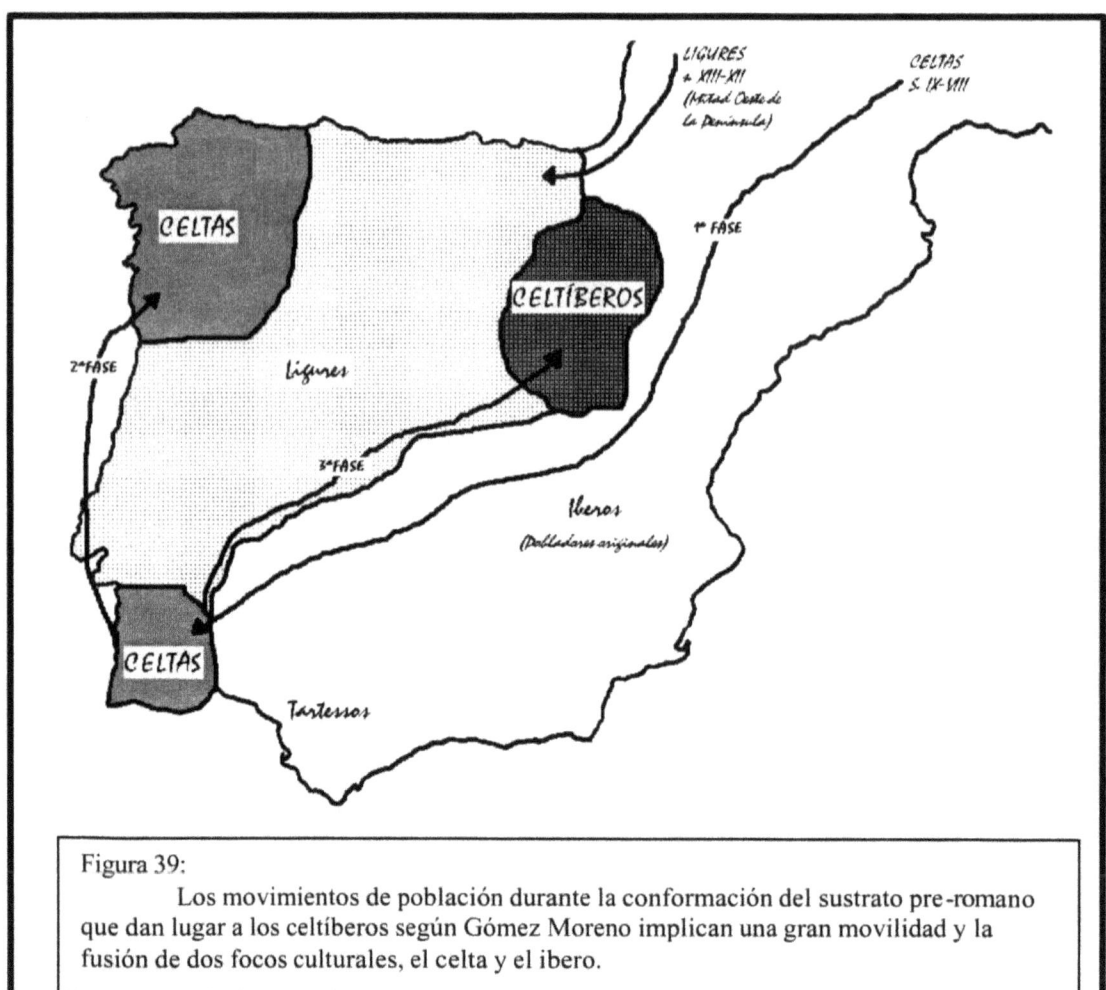

Figura 39:
Los movimientos de población durante la conformación del sustrato pre-romano que dan lugar a los celtíberos según Gómez Moreno implican una gran movilidad y la fusión de dos focos culturales, el celta y el ibero.

Figura 40:
Celebración en honor del Profesor Gómez Moreno (1944) en la que podemos ver a algunos de sus discípulos más destacados: Antonio García y Bellido, Blas Taracena y Martín Almagro Basch.
(Foto: Homenaje a Gómez Moreno, 1972: 27)

Junto con él destaca igualmente la figura de José Ramón Mélida y Alinari (Madrid 1856 – 1934) como parte activa de la construcción de una arqueología institucional y de la formación de jóvenes investigadores [Fig. 41]. En los años iniciales del siglo José Ramón Mélida ya es un hombre consagrado en el mundo de la arqueología, principalmente clásica. Había entrado en 1881 en el Museo Arqueológico Nacional como conservador, desde el Cuerpo de Archiveros, Bibliotecarios y Arqueólogos, al que pertenecía desde 1875. Sus trabajos habían sido de gran relevancia, tanto con elementos de arte antiguo como en sus excavaciones arqueológicas, muchas de ellas a través de la Junta Superior de Excavaciones y Antigüedades, de la que será Presidente.

Entra en 1906 a formar parte de la R. A. H., de la que será Anticuario en 1913, y director del Museo Arqueológico Nacional en 1916. Su trabajo de intervención en yacimientos tan emblemáticos como Numancia o Mérida le han convertido en una pieza imprescindible del engranaje de la construcción de la arqueología de principios de siglo. Con él trabajará, sobre todo, Blas Taracena, que ya en la intervención de Numancia tras retomar los trabajos de

Schulten estará de vocal de la JAE junto con él.

Al morir pronto, cuando la mayoría de los arqueólogos que formarán la generación del cambio son aún jóvenes, su influencia sobre ellos es menor, pero se deja ver en la formación clásica de algunos de ellos como García y Bellido y, sobre todo, Taracena, a los que dio clase desde su cátedra en Filosofía y Letras, que luego heredará García y Bellido.

Figura 41:
José Ramón Mélida y Alinari lega una visión bastante tradicional de la arqueología, heredada de un cierto ánimo anticuarista, pero también sabe reconocer elementos de innovación y puntos de vista originales, como será la tesis de su discípulo (a medias con Gómez Moreno) Blas Taracena.
(Foto: Enciclopedia Espasa-Calpe. Voz "*Mélida*".)

Pero si los anteriormente mencionados aportan un carácter de escuela consolidada, es Hugo Obermaier quien introduce elementos de verdadera innovación. Trae en primer lugar un marco teórico bien definido, lejos del anticuarismo coleccionista y del objeto como fin último. Es un discípulo de la escuela histórico-cultural de Viena, difusionista, con una valoración de los elementos tipológicos y la cronología muy alta e interés por articular en el discurso arqueológico elementos étnicos, antropológicos, etc. Pese a ser un hombre dedicado a la cultura del Paleolítico su influencia académica y personal sobre los alumnos será definitiva, especialmente en el caso de García y Bellido, Martínez Santa-Olalla y sobre todo Almagro.

Obermaier [Fig. 42] nace en Regensburg, Alemania, el 29 de Enero de 1877, y muere en Friburgo el 12 de noviembre de 1964. Sus estudios serán de lo más completos, cursándolos principalmente en Viena. Allí estudiará anatomía, paleontología, etnología, arqueología prehistórica, geología, o filología alemana entre otras cosas, con profesores como Penck o Forster, o el famoso profesor Moritz Hoernes.

Figura 42:
De izquierda a derecha Hugo Obermaier, Henri Breuil y Alcalde del Río. Tres grandes hombres de la investigación del Paleolítico en España y Europa. Obermaier inició la Prehistoria como disciplina en Madrid, y desde Madrid en todas las universidades de España (salvo Cataluña donde la escuela de Bosch había calado hondo con sus métodos traídos de Alemania).
(Foto: Página Web del Departamento de Prehistoria de la UCM: www.ucm.es/preh/)

Sus experiencias como investigador en Europa serán de peso para ser llamado a París en el año 1911, donde trabaja en el Instituto de Paleontología Humana, de donde tiene que salir al comenzar la I Guerra Mundial. Viene a España y comienza trabajando en el Museo Nacional de Ciencias Naturales, pero pronto se le ofrece la recién creada Cátedra de Historia Primitiva del Hombre en la Universidad Central de Madrid (Complutense). Aquí llega en 1922, y comienza su labor docente y de formación de sus discípulos. Es a partir de entonces que comienzan a destinarse becas de la JAE para Alemania para becarios presentados y avalados por Obermaier (García y Bellido 1930-32, Almagro 1934-36) e incluso él mismo se va en 1931.

Sobre el problema de la Celtiberia tan solo apuntará, en la traducción de su libro de 1932 al castellano, *El Hombre Prehistórico y los Orígenes de la Humanidad*, unas notas sobre su introducción en la Península. Los celtas serán pueblos de raíz hallsttática que vendrán a través de Francia y se van asentando en la mitad occidental de la Península Ibérica. Seguirá en cierto modo los planteamientos iberistas de la línea alemana y asume la revolución del mundo ibérico del siglo III, en cierto modo en consonancia con Bosch. Las presiones de esas migraciones desde Francia serían las responsables de que hacia finales del siglo IV los pueblos ibéricos de la costa Norte levantina presionen hacia el interior por los valles del Ebro, Segre y en general todas las cuencas que les puedan servir de vía de penetración a la Meseta. El culmen llegará en el siglo III a. E. con el dominio de las zonas de la altiplanicie castellana, formando el grupo celtibérico. De forma que el componente ibérico será dominante sobre una cultura de raíces ligures y estructuras célticas.

El primero de bs discípulos de esta generación que comienza a producir literatura arqueológica sobre la celtiberia será Blas Taracena.

Blas Taracena Aguirre (1878 – 1951) [Fig. 43] marcará en inicio de una arqueología de corte prehistórico que puede aportar, mediante el análisis de los datos arqueológicos, y no solo filológicos o por las fuentes, conclusiones sobre los pueblos prerromanos. Aunque no llega a coger el tren de los becarios de la JAE y su formación se dirige más hacia los estudios tradicionales de sus maestros. En el mundo de la intervención y la museología será José Ramón Mélida, y como maestro de la arqueología al profesor Gómez Moreno.

Su primer cargo de relevancia en la arqueología española será junto a Mélida en la Junta Superior de Excavaciones y Antigüedades, entre otros lugares en Numancia. De este periodo saldrá su tesis doctoral, La Cerámica Ibérica de Numancia (1924), leída y defendida en la Universidad Central (Complutense) de Madrid en 1923.

Figura 43:
Blas Taracena se preocupará de la formación del mundo celtibérico y su mayor aportación, aparte de sus teorías sobre la etnogénesis celtibérica, será la incorporación de la evidencia de los castros sorianos como elemento clave para definir una continuidad territorial asociada a ciertos grupos culturales. (Foto: Taracena, 1951)

Esta es un primera obra en la que se nota claramente que no tiene una idea nítida de la problemática sobre los pueblos celtibéricos, pero si un método arqueológico bueno, bastante descriptivo, y una capacidad analítica importante, estableciendo desde planteamientos de arte las bases del estudio de los objetos arqueológicos como tales.

Estudia la cerámica integrada en su cadena productiva, morfología y cronología, aplicando elementos de estratigrafía básica. También prestará atención a las influencias y relaciones, pero se irá al Mediterráneo más clásico, micénico, chipriota, griego y romano. Su sentido de la formación de los pueblos celtibéricos en este momento corresponderá a una intuición guiada por ciertas similitudes estilísticas y morfotécnicas de la cerámica de zonas concretas. El territorio de arévacos y pelendones será para él la zona del Bajo Aragón, Castilla Septentrional hasta Uxama y Castilla Meridional hasta Arcóbriga, donde rastrea esa similaridad formal.

Étnicamente se identifica la formación de Numancia (siempre por el análisis de la cerámica) como basada en "...*elementos de abolengo celta y separados de los iberos...*" (Taracena, 1924). Sobre todo gracias a la colección Cerralbo y los estudios de Bosch, al que sigue bastante de cerca en estos años.

Encuentra especialmente acertada la clasificación de Bosch de 1922 que seguirá al pie de la letra, separando dos fases decorativas. La más antigua será de la perteneciente al segundo periodo post-hallstáttico, entre fines del IV y primera mitad del III a. E. definido por vasos de cerámica rojiza. El más moderno será en pleno siglo III con vasos Arcóbriga o Uxama con decoración en aspas, eses, círculos, etc. Sin embargo no encuentra más similitudes con elementos célticos ya que el paralelo tipológico, que serán los vasos *Champagne*, de *L'Aisue* o armoricanos, no se encuentran aquí representados.

En este momento aparece un interés por los pelendones que resultará clave años más tarde para establecer ciertas relaciones culturales a largo plazo en la zona y vínculos de continuidad entre pueblos. Para Taracena el geométrico está presente entre los pueblos pelendones del siglo II a. E. como herencia desde los primeros momentos del primer milenio (1000 - 700 a. E.) y la relación directa que para él existe entre alfares y griegos, donde unos no aparecen sin los otros (1924: 74). Estos pelendones ya se perfilan como habitantes antiguos de la zona emparentados de alguna forma con los arévacos.

La adscripción étnica y la distinción entre iberos y celtíberos no está clara todavía, hablando de dominación celta pero utilizando los término ibero / ibérico con gran frecuencia. Esto puede ser principalmente por el convencimiento de que el sustrato verdaderamente abundante en la cerámica sea, para Taracena, el ibérico y no el celta, aunque lo quiera meter como principal.

Con el tiempo sentará sus ideas se van asentando y comienza a generar teorías sobre la formación de los celtíberos desde puntos de vista más holísticos, aunando fuentes filológicas, fuentes y arqueología. Ya en 1941, con la realización de la primera *Carta Arqueológica de España*, el capítulo de

Soria, dedica un apartado clave a la Edad del Hierro que marcará su postura teórica (Taracena, 1941: 12 y ss.). Con una importante influencia de Gómez Moreno y Menéndez Pidal, establece que existe una evidencia de un pueblo ligur, denominados *ambrones*, que formarían parte de las primeras invasiones junto con los ilirios.

Estos aportes de pueblos a la Península Ibérica dejarán variadas evidencias, entre las que destaca el fenómeno de los castros sorianos. Encuentra paralelos de estos con los *ringwälle* alemanes, creando una relación forzada que apoya la hipótesis de ser descendientes de aquellas migraciones de Centroeuropa. Los pueblos que por las referencias de las fuentes se ajustan a esa zona serán los pelendones [Fig.44 y 45], y antes que ellos los berybraces, con lo que es posible armar una teoría para explicar esta "cultura". Estos berybraces son pueblos llegados con las migraciones del IX - VIII a. E. según Avieno, como precursores de los pelendones. Estos serán un grupo escindido de los *belendi* aquitanos que no son directamente descendientes pero sí herederos de los berybraces, y que llegan con la segunda oleada de invasores.

Figura 44:
Este mapa marca la zona ocupada por los pelendones, correspondiente a los castros sorianos, y que antes pertenecería en general a la influencia de los berybraces.
(A partir de Taracena, 1941)

Las teorías de Taracena irán evolucionando con los años, hasta su muerte en 1951, dejando numerosas aportaciones al conocimiento de los celtíberos. Desde el Museo Numantino, el Instituto Diego Velázquez (CSIC) o el Museo Arqueológico Nacional sentó muchas de las bases que la arqueología de sus contemporáneos y discípulos han seguido.

El primero de los estudiantes pertenecientes a la escuela de Madrid que disfruta de beca en el extranjero será Antonio García y Bellido. Su formación ecléctica, su espíritu humanista y la orientación clásica de sus estudios en Alemania le confieren una perspectiva especial en el tratamiento de la problemática del caso celtibérico. Será un hombre de la "nueva" arqueología de la antigüedad, ya que no un prehistoriador. Sus aportaciones serán también tardías, aunque sus aportaciones se verán muy influidas por su formación, anterior a la Guerra Civil.

Figura 45:
La configuración final de las etnias hacia el siglo IV a. E. será para Taracena la siguiente, pero con el tiempo irá ganando fuerza la facción arévaca y haciendo de los pelendones casi un pueblo cliente.
(A partir de Taracena, 1941)

El profesor Antonio García y Bellido [Fig. 46] nace en Villanueva de los Infantes, Ciudad Real, el 10 de febrero de 1903, y muere en Madrid en Madrid en 1972. Huérfano desde muy joven estudia en San Sebastián y la carrera en Madrid, con los profesores Elías Tormo, José Ramón Mélida, Manuel Gómez Moreno y Hugo Obermaier.

Su tesis fue, curiosamente, un estudio sobre *El Arte de la Gran Familia de bs Churrigueras* (1930), línea que abandona poco después para dedicarse por completo al mundo de la arqueología. Había sido nombrado en 1926 colaborador permanente del Centro de Estudios Históricos y en 1927 profesor auxiliar de la Cátedra de Arqueología que pertenecía a Mélida, plaza que se quedará por oposición en 1931.

Figura 46:
García y Bellido en su despacho de la Universidad. Trabajó desde casi todos los ámbitos de la Academia y en numerosos aspectos de la problemática arqueológica. Su mayor aportación fue, probablemente, la creación del Instituto Español de Arqueología del CSIC (1951), que intentó convertir en un centro de investigación equiparable a los europeos en unos tiempos en que España estaba aislada y empobrecida. Todos los que le conocieron quedaron asombrados de que esta iniciativa, que había nacido de su ilusión y experiencias en el extranjero, sobreviviera y saliera a flote gracias su empeño personal, pese a los muchos problemas.
(Foto: Mª Paz García y Bellido)

Durante los años 1930 a 1932 estudiará el mundo clásico en Alemania, pensionado por la JAE, con Gerhart Rodenwaldt. Un viaje iniciático que transformará en gran medida la trayectoria de García y Bellido, acentuándose el interés por los problemas históricos de la antigüedad, la combinación de elementos de análisis para contrastar la evidencia histórica, como los generados por la filología, fuentes o arqueología, así como un arraigado sentido de la importancia sanguínea en la definición de la etnicidad. Se centrará también, con especial interés, en los elementos de análisis estilístico, en un momento en que se desarrollan trabajos como el de Beazley sobre cerámica griega. Rodenwaldt había desarrollado el campo del análisis de los estilos sobre todo en el mundo clásico, siendo ya en los años 30 famosa, traducida, e incluso con la coautoría de Mélida, su *Arte clásico (Grecia y Roma)* (1933), en España.

Esta disciplina de trabajo y los contactos con investigadores alemanes impregnaron las obras de García y Bellido de sistematismo y un interés por definir en todos los términos posibles los contextos históricos. Desde su estancia en Alemania comienza a aparecer en su obra un interés por definir las culturas antiguas desde la evidencia de la Arqueología y el análisis su arte, complementándolo con un estudio de las fuentes clásicas. El influjo de Rodenwaldt será palpable hasta sus últimas obras, siendo su *Arte Romano* (1955) una herencia de método y objetivo la obra de su maestro alemán de 1933.

Aunque ya hay algunos trabajos suyos sobre el tema en los años treinta (1932, 1933), el interés por los elementos de protohistoria céltica vendrá algo tardíamente, sobre todo a raíz de los trabajos de los años cuarenta en las excavaciones del castro de Coaña (1940a, 1940b, 1940c, 1941, 1943). Su interés por el elemento protohistórico decaerá con el tiempo, dirigiendo sus trabajos poco a poco, cada vez más hacia el mundo romano imperial. Desde principios de los años cincuenta (1951) no presta mucha más atención a este periodo. Sin embargo su postura estará muy clara al respecto, planteando un esquema étnico de la Península en la antigüedad basado en la dualidad de carácter que la compone, uno ibérico y otro céltico. Dos elementos bien definidos cultural, étnica y lingüísticamente.

La excavación de Coaña le lleva a explorar un mundo que para García y Bellido no había despertado interés hasta el momento. Así, hace un estudio sobre su adscripción étnica, denominando a sus moradores como *albiones*, sacado de un texto de Plinio (N. H. IV-III), y relacionándose por tanto con pobladores célticos. De aquí que, ante la necesidad de crear un marco general para explicar su proceso de asentamiento, acabe desarrollando una teoría sobre la celtización de España, y más tarde una sobre la indogermanización (1951).

Reconocerá una penetración clara de celtas en la Península en el VI a. E., aunque debe haber habido otras anteriores, a cargo de pueblos indoeuropeos, que aportan elementos *"...raciales de sangre y lengua..."* (1951: 223). Con ellos parecen llegar otros elementos étnicos secundarios, no celtas, que se suman a los elementos anteriores como *"...frescas aportaciones sanguíneas que vinieron a sumarse a elementos raciales muy anteriores, del mismo origen, constatables ya en la Península desde el Paleolítico"* (1951: 224).

Los Campos de Urnas representan un perfecto pueblo indogermánico, provenientes del occidente de Alemania (Rhenania) y por Francia llegarán a España, asentándose en Cataluña y Aragón hacia el IX – VIII a. E. (Avieno; Bosch, 1932). No son celtas todavía y su cantidad es mínima. Entre ellos estarán los berybraces. Traerán consigo la cerámica excisa y nos da incluso nombres de algunos de estos, berones, pelendones y cempsi en la meseta y Sudoeste, y saefes en el Noroeste, y turones en el Bajo Aragón. Sobre ellos se asientan los celtas del VI, que suponen nuevas incursiones desde el Hallstatt. Serán los arévacos, belos, titos, autrigones, caristios, nerviones y vacceos entre otros [Cuadro 9].

Lingüísticamente pertenecen a los celtas goidélicos, formados por una minoría racial principalmente de hombres, sin mujeres, que se hacen con el poder político militar y económico. Cambiarán incluso la lengua, implantando la suya sobre el sustrato autóctono.

Los celtíberos se formarán muy sencillamente, en las zonas de contacto entre unos pueblos y otros ... *"la mezcla de unos y otros dio por resultado el pueblo llamado por los antiguos celtíbero"* (1951: 221).

Sus trabajos serán muy leídos y seguidos, tanto desde la universidad como desde los centros de investigación, formando a muchos discípulos que marcarán los conceptos de la arqueología celtibérica hoy. Esta adscripción puramente céltica imprime de nuevo, como en los mejores momentos de d´Arbois, un componente de primacía céltica y que confiere a estas culturas una serie de valores encomiables.

García y Bellido no fue un hombre político, jamás desempeñó ese tipo de cargos y no se significó en un sentido u otro. Como muchos de los intelectuales de la época mantenía sus ideas lejos (tanto como le fuera posible) de la ciencia que hacía, al igual que le pasara a Taracena. Más aun después de pasar con graves altibajos la Guerra Civil, que cambió el panorama español por completo. Durante los años 36 a 39, que pasa en Madrid porque esta terminando algunas de sus investigaciones más famosas, escribirá gran cantidad de trabajos, pero su permanencia no será bien vista por el nuevo régimen en un principio. García y Bellido, como otros pocos eruditos, supo sobreponerse y mantener a flote una menguada y malograda investigación española, al margen de los éxitos labrados por otros colegas a los cuales la política ayudó en sus carreras de forma flagrante.

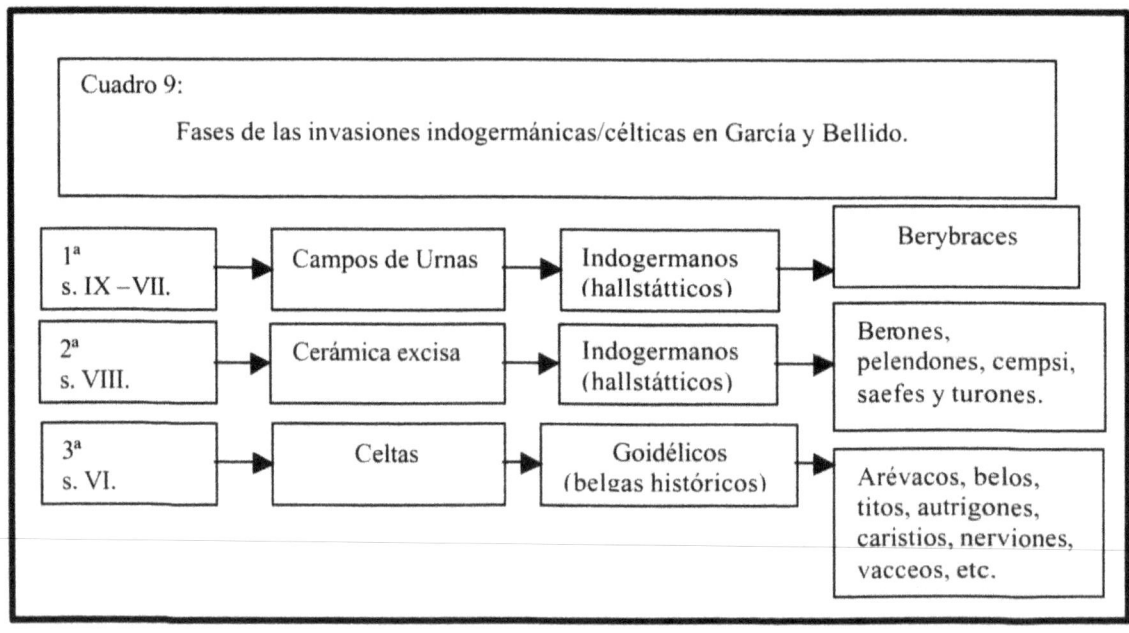

Cuadro 9: Fases de las invasiones indogermánicas/célticas en García y Bellido.

A lo largo de su vida atesorará numerosas distinciones y nombramientos, convirtiéndose en una de los hombres de mayor legado académico e institucional en la arqueología española de este siglo.

De entre los discípulos de la escuela de Madrid el último en viajar oficialmente y formarse en Alemania será Almagro Basch, así como el que podría considerarse como el primer prehistoriador con conciencia de serlo e interés por consolidar esta escuela. Su visión del problema celtibérico será bastante novedosa y su excepcional capacidad de trabajo, sumada a su acierto al incorporarse activamente al bando sublevado a su regreso de Alemania en el año 36, le propulsarán a lo más alto de la arqueología española durante más de treinta años.

Martín Almagro Basch [Fig. 47] nació en Tramacastilla, en plena Sierra de Albarracín (Teruel), en 1911, y muere en Madrid en 1984. Estudió en las universidades de Valencia y de Madrid, donde se licencia y doctora, siendo discípulo principalmente de Hugo Obermaier. Ingresa rápidamente en el cuerpo de Archiveros, Bibliotecarios y Arqueólogos, marchándose a Alemania entre 1934 y 1936, cuando, desencadenada la Guerra Civil, vuelve a España.

En su producción literaria aparece muy pronto el elemento céltico a relucir (1935), fruto de la inmersión en los métodos y planteamientos del historicismo alemán en que en esos momentos esta imbuido. Aceptará la cuestión de las invasiones pero incorporará poco a poco elementos que suavizarán este planteamiento.

Reducirá las invasiones de Bosch a una sola invasión (1935), que acabará siendo una entrada definitiva de gentes procedentes de Centroeuropa que celtizarán toda la Península (1935, 1952), salvo los reductos del iberismo levantino y tartésico/turdetano.

Los movimientos de los pueblos de Campos de Urnas (Almagro siempre conservará el *Urnenfelder* germánico para referirse a ellos), serán el motivo de la llegada a España de poblaciones procedentes del Danubio y Rin. Para Almagro el empuje de los pueblos de la cultura de Gündlig (pueblo hallstáttico) hacia el 900 – 800 a. E. desplaza a los anteriores hacia el Norte y Sur de Europa en dos grandes grupos. Estos últimos, que marcharán hacia el Sur, atravesarán Francia hasta llegar a la Península (1935: 180).

Figura 47:
Martín Almagro Basch significó medio siglo de arqueología en España. Sus trabajos, entre los que encontramos más de quinientos títulos, cuarenta años de docencia y múltiples proyectos de investigación, así como su dedicación a museos (organizador de la red nacional de museos de España) hacen de él punto de referencia inexcusable en la arqueología prehistórica de nuestro país. Como primer celtista, en el sentido estricto de la palabra, su aportación sobre la problemática del mundo céltico es, todavía hoy una base sólida y su escuela, de corte germánico, permanece viva todavía.
(Foto: *Homenaje a Martín Almagro*. 1981)

Con este planteamiento ya incorpora Almagro una novedad en el análisis del fenómeno de la I Edad del Hierro en España, y es separar la cultura de los *Urnenfelder* de la de Hallstatt. No es de extrañar, teniendo en cuenta que es precisamente en este momento cuando Almagro esta en Alemania y Austria, donde los investigadores como Merhart o Menghin hace tiempo habían comenzado a desarrollar la arqueología prehistórica de estos pueblos.

Serán años muy fructíferos para Almagro y de creciente innovación, aportando elementos novedosos a la investigación en diversos campos, en algunos casos con una intuición muy afortunada.

Estos elementos de poblaciones de Centroeuropa, desplazados, vendrán a entrar por los pasos de los Pirineos, asentándose en Cataluña, y en toda la Península en general. Al contrario que Bosch, piensa que el asentamiento de estos pueblos "célticos" es contemporáneo en Cataluña y el resto de Europa. Lo que para Bosch conformaba la cultura de la I Edad del Hierro en el Bajo Aragón, "*infiltraciones de elementos de la cultura de Marles*" (1921), para Almagro es el germen y ejemplo sin contaminación de toda la cultura céltica de la Península Ibérica.

La invasión de la zona catalana correspondería a una sola oleada, que rápidamente recorrería de los Pirineos al Guadalquivir, y que establecería allí una cultura céltica. Desaparecen por tanto los pequeños grupos de inmigrantes perdidos por los Pirineos que Bosch entendía como primeros aculturadores, y son reemplazados por una auténtica invasión. Almagro tendrá un especial interés en remarcar la no-pertenencia del grupo aragonés al mundo ibérico, apostando por un celtismo a ultranza de la zona, sobre todo del Bajo Aragón. Además de elementos característicos de cultura material que ya había encuadrado en este marco anteriormente (1935b), alude a la propia obra de Bosch (1933) para demostrar que estos poblamientos no son ibéricos, sino célticos, desechando cualquier elemento de iberización posible (1935: 182).

En el resto de España la invasión se producirá en un rápido movimiento de conquista que hace que las cronologías, hechas por tipología y analogía entre ellas, lleven a Almagro a pensar en una sincronía del proceso en toda la Península. Para ellos entiende por manifestaciones arcaicas cerámica de Cogotas I que coloca como paralela a los elementos de Campos de Urnas del Bajo Aragón (Roquizal, etc.) y que a su vez, para demostrar su relación céltica Centroeuropea, paraleliza con los producidos en la I Edad del Hierro alemana de la cultura de Dottingen.

La hipótesis de Almagro supone una sola invasión en los años 800 – 700 a. E., consecutivo a los asentamientos de la cultura de Villanova, en el Norte de Italia hacia el 900 a. E., y anterior al Periplo Massaliota. Estos celtas serán desalojados en el siglo VI a. E. por los tartessios del Guadalquivir, y por los iberos de la costa norte de levante.

La imagen final de esta postura, que aunque modificará a lo largo de su vida, no variará sustancialmente, será la de una España celtizada en un solo aporte de población (1935: 184), donde el sustrato será muy homogéneo sincrónico a toda la Península, aunque la resistencia ibero/tartésica recuperará los territorios de la costa Este y Sur, que serán típicamente ibéricos [Fig. 48].

Una España céltica, cuya cuna será la zona nuclear celtibérica del bajo Aragón y Meseta Oriental, dominante desde inicios del primer milenio.

Los sucesos de la Guerra Civil y la posterior implantación de la dictadura marcarán un nuevo rumbo en la arqueología céltica, especialmente en la de los celtíberos, cargada de repercusiones políticas y muy explotable socialmente. La arqueología del profesor Almagro no será ajena a estos avatares y cambiará, tanto por los nuevos hallazgos y avances como por el contexto sociopolítico en el que se desenvolverá. No será, sin embargo una persona que haga proselitismo político en sus trabajos, aunque como hemos dicho no es fácil desprenderse de la carga social o de la educación germánica, como sí sucederá en el que será el último y más joven de los discípulos de la generación raíz de la escuela madrileña: Julio Martínez Santa-Olalla.

El profesor Martínez Santa-Olalla [Fig. 49] constituye la prolongación de los celtistas de preguerra en la arqueología de postguerra en el sentido de haber sido formado en la misma línea que sus compañeros, pero comenzará su obra realmente en la posguerra, con connotaciones muy diferentes. Su vida se ve constantemente envuelta en controversias y dialécticas, marcada por una obra arqueológica y una labor institucional de gran inteligencia ensombrecida y sesgada por ajustarse a unos intereses políticos.

Discípulo de Obermaier su formación en Alemania transcurre entre los años 1927 a 1931, pero no a cargo de la JAE. A su vuelta, que debió ser hacia el año 1932, se

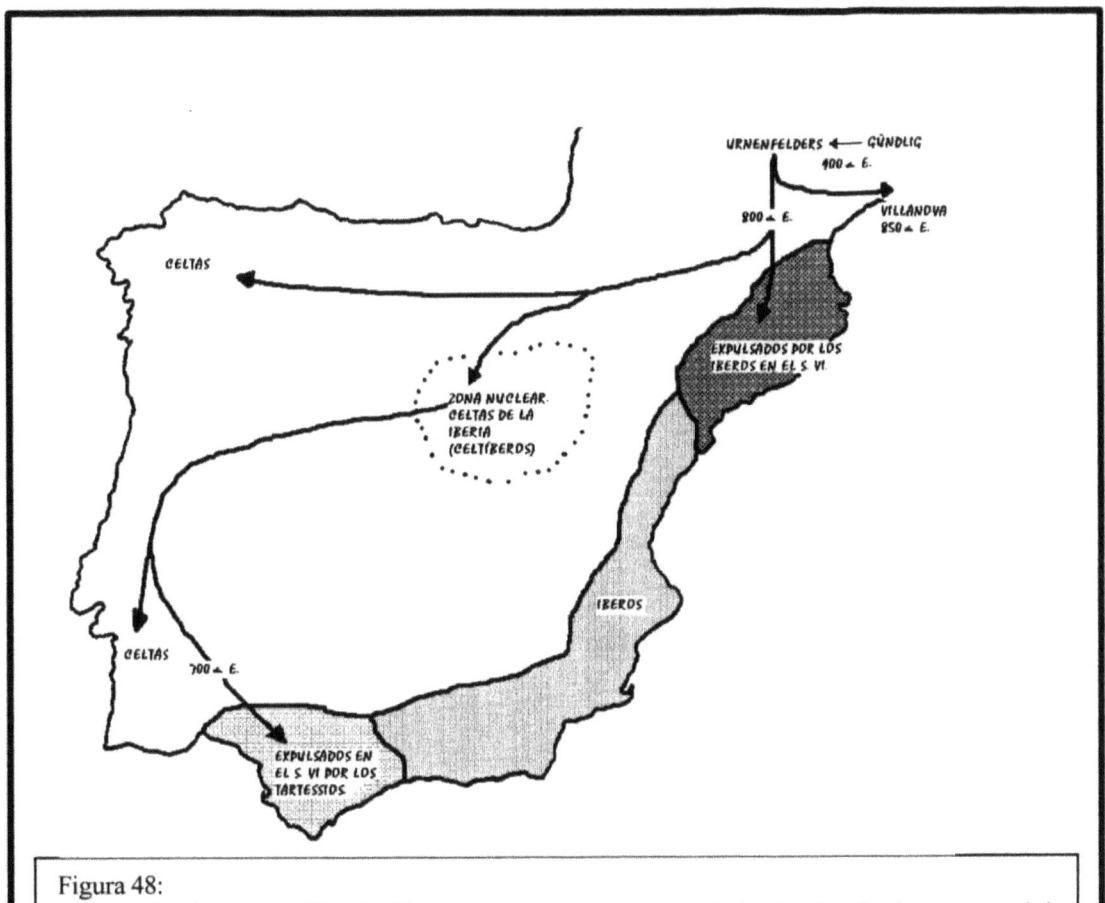

Figura 48:
La interpretación de Almagro representa un avance hacia el unitarismo y servirá bien a los intereses del régimen de posguerra que encontrará en la unidad de lo céltico los valores que pretende y la base histórica que necesita. La celtiberia se convertirá en paradigma de los valores españoles y ejemplo épico explotado hasta la saciedad.

incorporará como adjunto a la Cátedra de Obermaier. Al estallar la Guerra Civil Obermaier se encuentra en Oslo y decide no volver, así que Martínez Santa-Olalla reclama este puesto que le será concedido, sin remuneración, en 1943. La oposición de la cátedra de Obermaier saldrá en 1954, pero Martín Almagro, en aquel momento catedrático en Barcelona y Director del museo de esa ciudad, se presenta y la gana. De forma que él tiene que irse a Zaragoza y luego a Valencia, hasta que en 1965 vuelve a Madrid para hacerse cargo de una Cátedra en Historia del Arte en la Universidad Complutense. Los años más fructíferos de Santa-Olalla serán los que van del final de la guerra a principios de los cincuenta, momento a partir del cual la figura del profesor Almagro lo eclipsa.

Su obra fundamental será escrita en los años de la Guerra Civil, cuando se implica, personales en el bando sublevado. El hecho fundamental por el que comienza su particular campaña pro-franquista será la muerte de su hermano. Si bien es cierto que pudo participar de estas mismas ideas antes, cosa de la que no tenemos constancia, lo cierto es que el fusilamiento por parte del ejército republicano, de su hermano Antonio en Torrejón de Ardoz al comienzo de la guerra (08 de noviembre de 1936), propicia la rápida adhesión al bando de los generales.

Su primera obra de síntesis será casi rabiosa, intentando reconducir la Paletnología de la Península Ibérica de Bosch (1932). Será un primer artículo, escrito en 1938 y publicado en 1941 que lleva por título *Esquema Paletnológico de la Península Hispánica* (el término ibérica no se usa porque no es patriótico, pues ya comienza a identificarse con los nacionalismos y las reivindicaciones nacionalistas).

Figura 49:
Julio Martínez Santa-Olalla representa la arqueología de la posguerra con los elementos de juicio y la formación de la preguerra. Su paso por la universidad, el Centro de Estudios Históricos o los museos siempre acabaron envueltos en controversias y disputas. Sin embargo esto no debería hoy, a la luz del paso de los años, ocultar las muchas cosas que aportó a la arqueología española desde sus 35 años de docencia, las investigaciones en el CEH, la participación en la Comisión General de Excavaciones o desde el Museo de Madrid.
(Foto: Página Web del Dpto. de Prehistoria UCM: www.ucm.es/preh/)

Este trabajo se convertirá en un libro en el año 1946. Aquí retoma el tema y la finalidad del anterior ampliándolo y explicando con detenimiento los contenidos. El primer motivo será la imposibilidad de mantener la reconstrucción de la paletnología tradicional del modelo de Bosch Gimpera. Las cronologías no serán correctas, el mito africano no es válido (supondría una dependencia étnica de algún modo con lo que entonces reclamábamos todavía como colonias), la realidad de un carácter prefigurador de Europa racial y culturalmente desde la Edad del Bronce y una revalorización de la Edad del Hierro en España como desarrolladora de una cultura céltica de carácter propio que define una racialidad y mitiga el influjo helenizante e iberizante, negando la existencia de iberos que serían borrados del mapa por los celtas y que su ascendencia pudiera ser africana, vinculándola a los ilirios (por la interpretación del *turium* como de raíz iliria – conferencia celebrada en Valencia en 1946 -).

La cultura de la Edad del Hierro en España se formará desde Centroeuropa, a base de invasiones desde el 1200/900 (Bronce Atlántico Primero) por las costas atlánticas desde Francia, Irlanda y Gran Bretaña. La primera invasión indoeuropea será por los Pirineos en el 1000, siendo grupos mezclados de población desplazados por los ilirios. La segunda oleada, la más importante, será en el 900/850 con los Campos de Urnas, creando sus zonas fuertes en Castilla y León y Aragón, que serán los pre-celtas cuyo fósil guía es la espada pistiliforme. Es cuando se produce la desconexión de Europa y tenemos un Bronce de larga duración, como en Irlanda y Gran Bretaña. Una segunda oleada en esta misma fase será la que forme el grupo catalán de los Campos de Urnas, que fecha como del Hallstatt B.

El Hierro Céltico se definirá para él como una cultura bastante homogénea pero en dos vertientes, una asentada en la Meseta y la fachada atlántica y la otra centrada en la cultura de los Castros Sorianos, formadas ambas por celtas goidélicos. Su estructura social responde a *"... una organización guerrera de gentes llegadas con sus rebaños por la fuerza de ese puñal de antenas que puede ser su símbolo"* (Martínez Santa-Olalla, 1946: 105).

Por el contrario debe desestimar la cultura ibérica como referente ante estos célticos: *"...esos llamados iberos no existen ni como raza ni como cultura. Lo que históricamente llamamos iberos y arqueológicamente cultura ibérica no es raza ni cultura, puesto que se trata de la misma etnia hispánica en que todo lo más habrá que reconocer una mayor proporción de elementos pre-arios"* (1946: 97).

Los celtíberos no tienen un sentido social sino como germen y paradigma del carácter español, fundado en los valores célticos tradicionales.

La guerra civil supone un paréntesis en el proceso de elaboración arqueológica de la Celtiberia que se había iniciado en el siglo XIX. Las líneas de investigación se reducen, pese a la lejanía relativa de la academia con respecto a la política, de forma considerable, no por falta de investigadores (aunque gente como Bosch ha tenido que irse del país), sino forzada y potenciada por las vías institucionales de actuación. La gran variedad de criterios y tendencias, de puntos de vista y de aportaciones se había dado hasta la preguerra se paraliza.

No será hasta los años setenta que se reanude con fuerzas renovadas el proceso de investigación celtibérico en toda su amplitud. Tras la Guerra Civil, España cambiará el ritmo y el rumbo de la investigación en arqueología, roto también por el desconcierto surgido en el resto de Europa que había sufrido la Gran Guerra y por el bloqueo ideológico interno y externo.

La formación de esta generación, que será la clave para el arranque de los modernos estudios sobre el mundo celtibérico, sucede gracias a la conjunción de numerosos elementos. Por una parte la paulatina europeización de los estudios tradicionales sobre antigüedades, sumada a un conocimiento erudito de la Historia Antigua, que cristalizarán en hombres como Mélida o Gómez Moreno. Este último, con un fuerte influencia germana, inyectada por la relación con Hübner durante los años de su formación, es muy receptivo a los influjos europeos y a la introducción de la prehistoria como disciplina con una metodología y una técnica. Por otra parte el aporte teórico de la formación de Obermaier será también decisivo, impulsando los contactos con el extranjero y afianzando el paradigma historicista en la academia española.

En Taracena, García y Bellido, Almagro o Martínez Santa-Olalla se conjugan las tradiciones de estudios locales y regionales, las tradiciones anticuaristas y el cristalizar de la teoría y metodología que van a convertir en una disciplina académica la arqueología en España.

Aparecen ahora las técnicas de cronología tipológica, y sobre todo las secuencias construidas con esas tipologías que abarrotan los trabajos del momento. Se fabrican así elementos de interpretación a gran escala y nacen, entre otras las invasiones en España, justificadas como no había sido hasta entonces. Aparece el concepto étnico cultural, que implica que cada etnia corresponde a una raza y esta a una "sangre", y así aparecerá en los textos (Almagro, 1935; Martínez santa-Olalla, 1941; García y Bellido, 1951: 223-224).

También aparecen cada vez más los paralelos a larga distancia, cuanto más centroeuropeos mejor. Gran cantidad de ellos aparecen en los textos, como las comparativas de Taracena entre Numancia y las cerámicas de *L'Aisue*, y los paralelos entre los castros del norte de Soria con los *ringwälle* (1924), Almagro con las infiltraciones desde el *Marles* (1935) o Golaseca (1947-48b), o las relaciones inferidas entre las islas británicas y la cornisa cantábrica por García y Bellido (1943b).

Junto a todo esto la mayor influencia teórica que vamos a asumir en España desde la academia francogermana será la de los presupuestos de paradigma etnico-cultural (López Jiménez, 2001). Evidentemente la particular situación de España no permitió aceptarlo sin más cambio, sino que se adaptó al pensamiento y las peculiaridades de nuestra "academia". Acabará cristalizando en presunciones generalizadas, como que existen rasgos característicos que definen culturas / etnias antiguas y que estos son rastreables en la historia y el registro arqueológico, pudiendo delimitar por medio de estos análisis tipológicos en arqueología áreas que serán asimiladas como culturas antiguas (con su consabida problemática, véase la Celtiberia).

Sin embargo, y tras el paréntesis de la guerra, las aportaciones de aquellos autores han permanecido y formado la base de la moderna arqueología en España. Evidentemente los postulados y las implicaciones que arrastraban los trabajos de d'Arbois, Déchelette, Humboldt o Schulten deben de ser detectadas y superadas, porque estas son parte importante de la arqueología española y, en algunos casos, causa de la incapacidad de trascender a las cuestiones de fondo de los problemas arqueológicos que se plantean sobre presupuestos normativistas derivados de aquellas.

CONCLUSIONES.

A lo largo de este trabajo se ha intentado mostrar como la convergencia de diversos factores, desde los más lejanos pero inevitables del contexto sociopolítico europeo, pasando por los contextos de las academias arqueológicas más relevantes, para recabar por fin en la formación de lo que podríamos llamar la primera academia arqueológica en España, han dado forma y nos han legado una imagen y unos estudios del mundo celtibérico y su concepto. La formación de lo "céltico" en España esta mucho más ligada de lo que parece a una proyección europea porque su formación, aunque luego ensombrecida por una serie de estudios regionalistas de corte autoctonista, aplicando un procesualismo hispanizado, fue y ha dejado en la base de estos estudios un poso todavía hoy rastreable.

Haciendo recuento del recorrido que hemos realizado y de cómo este se articula para producir una arqueología de la Celtiberia que solo puede llamarse así por completo a partir de la generación de la pre-guerra, volvemos una vez más a la Europa del XIX.

El viejo continente se convulsiona por las tensiones sociopolíticas, crisis producidas por el cambio social que generarán numerosas revoluciones a lo largo del siglo y marcarán los acontecimientos del siguiente. El auge de los nacionalismos regionales se convertirá en imperialismo y colonialismo en las políticas estatales, haciendo prevalecer a algunas naciones sobre otras y creando bloques con áreas de influencia muy marcada. Nacerán así las academias y las corrientes ideológicas "promocionadas" o mejor alineadas con las políticas nacionales y con estas las dos grandes corrientes ideológicas básicas que marcarán el siglo, la anglosajona y la germánica (aunque sé que esta es una reducción a líneas muy básicas, es suficientemente clarificadora). De estas se desprenderán dos líneas claras de hacer arqueología.

En este siglo se producirá el paso lento pero revolucionario desde el anticuarismo hacia la arqueología como disciplina, generando una metodología, asimilando técnicas de otros campos, y desarrollando teoría aplicada. Serán nombres como Lubbock o Pitt-Rivers en el panorama inglés, sumados a los de la antropología anglosajona como Spencer, Taylor o Morgan, y deudores de los planteamientos del darwinismo. Por otro lado la escuela franco alemana avanzaba combinando estudios de filología y lingüística (Fick, Windisch, de Saussure, ...) etnología (Ratzel, ...) y con una base de anticuaristas y coleccionistas que van dando paso a profesionales que trabajarán en museos y universidades, desarrollando método y técnica, así como un marco teórico explicativo que será el difusionismo, del cual Oscar Montelius será el máximo exponente. De aquí nacerá la Prehistoria como disciplina, dando primacía al periodo temporal como referente y dejando el término arqueología como elemento de contenido más técnico.

La influencia de los elementos franco-germanos en España será muy grande. Su constante presencia física y teórica los convertirá en referentes para modelar la academia española que hasta principios del siglo XX no podremos considerar teórica y metodológicamente formada y con conciencia de ser profesionales de una disciplina.

Uno de los pilares de esta arqueología vendrá dado por la tradición de estudios en Francia y la generación de la teoría del estado "céltico" o imperio "céltico", cuyo articulador y sistematizador será d'Arbois de Juvainville. De él provendrán numerosas asunciones sobre el carácter de los pueblos célticos, sacadas de las fuentes referidas al mundo bárbaro prerromano y de la lingüística (Fick principalmente). Pero también será un transmisor del paradigma étnico cultural, el cual tomará como esquema de articulación y, buscando un modelo de celtismo adecuado, montará sobre las sociedades protocristianas altomedievales de Irlanda, extrapolando el modelo en el tiempo y el espacio al caso galo, generalizado como "celta". Este argumento colocaría a la Galia como primer articulador de una Europa unida, la primera "comunidad europea" bajo el esplendor del imperio celta. Un imperio celta basado en una etnia común con unas raíces culturales comunes y una diversidad de expresiones de esta cultura.

Aunque d'Arbois no hace sino reunir y dar forma a argumentos anteriores, su original articulación y su capacidad para argumentar genera un atractivo modelo en el que poder integrar a los pueblos prerromanos de la Península. Así será en un principio en España, ya que las referencias van a ser siempre los elementos centroeuropeos, basándose en los paralelos de Hallstatt y La Tène durante más de medio siglo en España, hasta los años ochenta y el comienzo del procesualismo en muchos investigadores que se desvincularon totalmente de los referentes europeos.

Pero si algo revela el análisis de las citas bibliográficas en los textos científicos de principios de siglo sobre lo céltico y la Celtiberia en España es que no será directamente d´Arbois en muchos casos sino las teorías de Déchelette las que se reflejen en estos. Déchelette será el gran difusor de la teoría del *empire celtique*, y de la articulación tecno-tipológica de la protohistoria europea, siendo su manual de uso obligado en las universidades españolas hasta los años setenta.

Por otra parte el impulso teórico alemán habría de influir en España y los investigadores españoles por tres vías diferentes. Por los elementos que llegan a través de los franceses, por los elementos teóricos traídos por los investigadores que trabajaron directamente en España y, en último caso, durante los primeros años del siglo XX, por la tremenda influencia que tuvieron en los jóvenes investigadores que se formaron en Alemania durante las estancias promovidas por la JAE.

De todas ellas quedarían la adopción de nuevos conceptos como "cultura", "paradigma étnico", o la técnica asumida del método Kossina, muy seguida y practicada por los profesores alemanes de los primeros años del siglo XX y hasta la Segunda Guerra Mundial. Merhart, Jankuhn, Schmidt o Menguin entre otros muchos, utilizaron este método, aplicando la arqueología de los asentamientos, las técnicas paleoantropológicas y sus argumentaciones, así como la integración de estas en sistemas etnico-culturales y transmitiéndolo a sus discípulos. Serán los primeros prehistoriadores y los que transmitirán el término como definitorio de una disciplina que estudia este período con ayuda de las técnicas arqueológicas en España ya en los años 30 (el primer exponente verdaderamente autoconsiderado prehistoriador con todas las consecuencias será el Almagro Basch).

La escuela histórico cultural de Viena será la gran aglutinadora de la arqueología española prácticamente hasta nuestros días. Las críticas a Kossina serán muchas y sus teorías se verán desarrolladas y depuradas por otros como Jürgen Eggers (1951) o Herbert Jankuhn (1943, 1956), que sí seguirán aceptando los métodos pero prescindiendo en todo o en parte del paradigma étnico (Härke, 1991: 188). Este academicismo monoteórico, sumado a las condiciones políticas de postguerra, propiciarán en España una parálisis de la dialéctica teórica, no reanudada hasta los tímidos comienzos de la apertura mental al mundo anglosajón hacia mediados de los ochenta. Pero este fenómeno se produjo igualmente en el terreno de la academia germana, donde los estudios de Härke revelan una total parálisis en el aspecto teórico e interpretativo durante el último medio siglo y especialmente en los veinte últimos años (Härke, 1989, 1991). Esto puede ser debido a que el historicismo tradicional base sus líneas argumentales en el dato positivo y su subsistencia como disciplina en el principio de autoridad, lo que elimina, en gran medida, el proceso dialéctico y la posibilidad de regeneración teórica.

En la actualidad la academia alemana, especialmente en el campo de la Edad del Hierro y los estudios historiográficos de fondo crítico, se mueve léntamente hacia una actitud reflexiva que toma cuerpo en unos primeros congresos y trabajos de conjunto. Es de destacar algunos trabajos modernos de recopilación abordando la relación entre arqueología y política en Alemania durante el siglo XX, como los los dirigidos por Steuer (2001) o Leube (2002). Junto a estos aparecen algunos trabajos que contemplan de forma global las cuestiones de teoría y método de estudio de la Historia, como son las coordinadas por Biehl (2001) o Härke (2002), en parte gracias a la influencia de las corrientes de estudio británicas. Estos aires de renovación en una estructura académica tan rígida y tradicional suponen un avance muy importante hacia la reconsideración de su propia disciplina y una renovación de los sistemas aplicados hasta hoy al estudio de los pueblos de la Edad del Hierro.

La academia inglesa, por su conformación y su distanciamiento histórico de España, que siempre se ha sentido mucho más cercana al eje franco-alemán, no ha llegado a tener una influencia real y palpable hasta bien entrada la segunda mitad de este siglo. Sí nos llegará, una vez más bajo el prisma de la interpretación francesa, el elemento céltico anglosajón, y algunas referencias a Myres o Evans y algún trabajo, ya muy tarde, de Childe.

Por otra parte el proceso social y político en España era de tremenda desolación y desencanto, proliferando los nacionalismos regionalistas, la movilización obrera y el desencanto del componente militar. En este entorno se intentaba mantener un nacionalismo sustentado por las líneas oficiales que procurase reforzar la imagen histórica de España aferrándose a pasados gloriosos y raíces ancestrales.

La academia española, que hasta finales del siglo XIX se había ocupado de la Celtiberia como prolegómeno de los grandes corpus de Historia General, comenzaba a dar una nueva dimensión a estos momentos. Terminados los intereses en los orígenes míticos basados en ciclos clásicos, comienza la reconstrucción de la identidad patria basándose en pueblos prerromanos, preferentemente celtibéricos. Esta actividad, todavía de gentes desahogadas y eruditas, comienza a dar paso a una arqueología que comienza a ser una disciplina.

Joaquín Costa supone un tránsito entre dos siglos y dos formas de entender la arqueología de la Celtiberia, aportando elementos ya tomados de los franceses (era un gran seguidor de la *Revue d'Etudes Celtiques* y de d'Arbois y Déchelette) y un interés especial por el componente social y económico, bien documentado y sistemático, no deja de ser un erudito de la Historia Antigua que habla desde el punto de vista del Derecho y que asume multitud de tópicos e incluso leyendas como elementos de definición. Algunos trabajos modernos (Renales y Renero, 1999) sobre la historiogarfía de los estudios célticos y celtibéricos del siglo XIX apuntan igualmente hacia esta importancia de los vínculos franceses y la formación de las bases para una arqueología "céltica" que toma forma en el siglo XX.

Sin embargo, y aunque la arqueología española hasta principios del siglo XX estuvo fuertemente ligada al anticuarismo, los arqueólogos y prehistoriadores extranjeros habían llegado con sus nuevos métodos y un concepto de análisis nuevo basado en los paradigmas difusionistas y en los conceptos antes mencionados de cultura y sus referentes. Estos calarán con el tiempo muy profundamente en la formación de la academia española, aunque en un primer momento solo estarán interesados en la información que se pudiera sacar de aquí, publicando en sus respectivos países y en su idioma, en un ejercicio de colonialismo arqueológico, poco a poco se van integrando y pasarán del desprecio condescendiente de Hübner a la integración y paulatina simbiosis de Schulten.

Las aportaciones de los elementos extranjeros serán básicas para entender como, combinándose con esta tradición de estudios anticuaristas, coleccionistas y tipologicistas de corte clásico, que comenzarán a entroncar llevados por gentes de gran capacidad como Mélida o el profesor Gómez Moreno (que había sido discípulo predilecto de Hübner hasta su muerte), dan lugar a una generación que simboliza el comienzo de la "moderna" arqueología de la Celtiberia.

Pero la construcción de las escuelas de arqueología en España no solo depende del entronque entre las corrientes teóricas extranjeras y la formación de jóvenes profesionales con la tradición anticuarista española, sino de los contextos sociopolíticos una vez más.

Mientras que en Madrid se forjaban una serie de elementos definitorios de una arqueología de lo céltico como paradigma de lo español, resaltando los valores del carácter "celta" asumidos de la tradición europea, sumados al especial prisma ibérico, como origen y referente de la nación, en Barcelona destacaba una de las figuras más interesantes del panorama arqueológico de la primera mitad del siglo XX en España, Pedro Bosch Gimpera. Ambas habían desarrollado una arqueología de referentes europeístas, formados todos en escuelas en Alemania. Los referentes tipológicos en sus textos serán siempre los mundos hallstattico o La Tène, y las "culturas" centroeuropeas, unidas con el hilo del difusionismo y las invasiones. Lo celta había tomado un carácter muy fuerte desde los influjos de la academia francesa, llegando a escribir, en 1901 Rodríguez de Berlanga, estudioso del mundo fenicio del sudoeste:

"Hubo una época no lejana en que todo era celta, desde los monumentos megalíticos hasta la civilización que se disfruta en Occidente, y aún hoy en día continúa siendo entre nosotros el celtismo una

verdadera plaga literaria, sin que haya erudito de segunda mano que no se considere obligado, en cualquier ocasión que se presente, a rendir tributo de admiración y respeto a las prendas que suponen gratuitamente que valoraban a esos celtas cispirenaicos tan bárbaros y nauseabundos en tiempos de Augusto, ..." (Rodríguez de Berlanga, 1901: 779-780).

Sin embargo los objetivos se perfilaban bien diferentes entre los partidarios de una arqueología más céltica, asimilada a centralista, y los planteamientos de Bosch, que argumentaban a favor de una fuerte personalidad del mundo ibérico, referente cultural de la costa del levante (y del fuerte nacionalismo catalán del que él era parte activa), y argumentado con un conocimiento del mundo céltico muy importante.

Tanta llegaría a ser la controversia y la decantación tras la Guerra Civil que en el año 1945 Domingo Fletcher se ve en la obligación de escribir un artículo cuyo título ya es suficientemente revelador, *En defensa del Iberismo* (Fletcher, 1945: 168-187). Su trabajo intenta poner de manifiesto la campaña de pro indoeuropeización, y más concretamente celtización, llevada a cabo en la academia española de esos momentos. Ante la negación de la existencia de los iberos (Martínez Santa-Olalla, 1946) o su origen como celtas "mediterraneizados" (Almagro, 1945) se ve en la tesitura de argumentar contra este indoeuropeismo.

Estos dos investigadores serán quizá los más centrados en el tema céltico, aunque otros hacen referencia igualmente al sustrato, a los grupos "celtas" y a los indoeuropeos o indogermanos, término más concretamente de raíces alemanas, fruto de los planteamientos teóricos más puros de la teoría étnica de Kossina que llega a dar nombre a uno de los trabajos más profundos sobre el concepto de la indoeuropeización de la Península entonces (García y Bellido, 1951).

Las estancias en Alemania desde principios de siglo hasta la guerra, habían forjado una serie de elementos de identificación europeísta que todos ellos desarrollarán, unos desde puntos de vista más tradicionales, tanto en el campo de la Historia Antigua, como será el caso de García y Bellido, como en el de la protohistoria que hicieron Taracena o, sobre todo Almagro y Martínez Santa-Olalla. Otros autores que se han ocupado del tema ya han definido a Almagro y Martínez Santa-Olalla como los puntos de ruptura en el liderazgo de la arqueología española, la marca de inflexión generada por el fascismo (Gilman, 1995: 2).

Ciertamente, la apariencia es que en el avatar de la guerra la primacía política y de peso en la academia arqueológica y la museística que hasta entonces parecía haber tenido Bosch Gimpera fue retomada y sustituida por Almagro, y que igualmente sucedió con la Cátedra de Hugo Obermaier y su sustitución por Martínez Santa-Olalla. Pero no creo que esto sea tan politizable como Gilman argumenta, ya que ni Almagro fue sencillamente el falangista que reemplazó a Bosch, ni Martínez Santa-Olalla el pro nazi que le arrebató el sillón a Obermaier.

Efectivamente y como más tarde él mismo relata, la academia estaba más lejos de lo que puede parecer de la política (Gilman, 1995: 5). No es cierto que exista una arqueología fascista en la España de posguerra, ya que para eso tendría que haber una línea teórica y discursiva establecida que no existía, sino más bien una politización de un discurso normativista que ya estaba articulado antes de que existiera el conflicto. Así, numerosos discípulos de Bosch que se quedarán en España son integrados sin problemas en el grupo de cabeza de la arqueología española, apareciendo por ejemplo en la foto del primer curso de arqueología de Ampurias [Fig. 50] o colaborando en el primer número de la revista *Ampurias* en 1940. Esto no quita para que existan rasgos verdaderamente tendenciosos en algunas producciones arqueológicas, como la ya nombrada de Cabré, *El Saludo Ibérico, saludo racial precursor del nacional. Su difusión por Europa en Unión del Gladius Hipaniensis* (1943), o la obra quizá más política de Almagro que, en palabras de Cortadella: "... *lo que intenta es justificar la unidad ancestral de España bajo el argumento de la homogeneidad etnológica o racial primigenia, y en detrimento de unas nacionalidades descualificadas también con argumentos etnológicos* ", refiriéndose a su *Origen y formación del pueblo hispano* de 1958 (Cortadella, 1988: 2). Una concepción, que el propio Cortadella ha definido de orteguiana, (Cortadella, 1988: 3) de lo que España es y necesita en su contexto europeo y como nación y que, en definitiva, no parece

Figura 49:
Foto de grupo del primer curso de arqueología de Ampurias en 1947. En primera fila, de izquierda a derecha: Martín Almagro Basch, Blas Taracena, Antonio García Bellido. Adolfo Schulten, (oficial de la embarcación de recreo), Nino Lamboglia, Jean Mallon y Luis Pericot. Entre los asistentes se encontraban también Wattemberg, Tarradell o Serra Ráfols.
(Foto: *Ampurias Miscelanea Arqueológica I, XXV aniversario de los cursos de Ampurias 1947-1971*, 1974: 11)

sino una consecuencia aplicada al caso español del idealismo hegeliano manifestado a través de su prisma particular.

Esta herencia fue más grave por lo teórica y metodológicamente vacía que resultó que por lo fascista de su discurso. Las líneas adoptadas tras la guerra van a transmitir el afán catalogador y tipologicista de corte germánico, pero con un poso interpretativo puramente descriptivo, o en algunos casos, como el de Almagro, en los que se abordan temas sobre los que hacer grandes síntesis, se aplica el esquema étnico cultural al caso de la Península. Es la pervivencia de la escuela de Viena, pero bañada por una visión idealizada de la Historia, heredada del romanticismo y potenciada por la necesidad de recobrar un orgullo nacional maltrecho.

Los celtíberos quedan por lo tanto englobados en la dinámica general de la céltica española, como raza valiente, paradigma de los valores patrios y la resistencia al invasor (recordemos Numancia). Sin embargo, una cosa ha venido cambiando desde que Schulten aplicara el método arqueológico al estudio de la Celtiberia, y esto, tras haber sido utilizado por Bosch y Taracena para sus investigaciones, se cristaliza en Almagro Basch. Este será el primero en utilizar solo argumentos arqueológicos, sentando desde muy pronto las bases de un celtismo de vinculación centroeuropea que afectará a los celtíberos durante mucho tiempo (Almagro, 1935).

Si volvemos a observar el cuadro que, de forma simple aparecía en la introducción, podremos ver como este se inserta en un marco mucho más amplio de relaciones, vínculos, dependencias y proyección de futuro [Cuadro 10].

Desde entonces la vinculación al término "celta" ha sido bastante amplia y poco centrada. Tan celtas venían a ser las culturas de La Tène – A, Hallstatt – D, o La Tène – B/C, como las culturas del Bronce Final Atlántico o los castros del noroeste, definiéndose en general como lo no–mediterráneo, no–ibérico, pero también, como definió Kalb (1989: 143-145), teniendo presente la diferencia sustancial entre celtas y celtas/galos, como dos tipos diferentes de celtismo.

Tras los años de la guerra la posguerra será desoladoramente yerma en el aspecto teórico. Este período, entre los años 40 a 70, ha sido definido como de gran falta de orientación teórica, en general en la arqueología española y en particular en la céltica (Vázquez, J. M. y Risch, R., 1991: 25-27; Martínez Navarrete, M. I., 1997: 31; Moure, A., 1996: 18-21). Una continuidad inquebrantable en los presupuestos e interpretaciones historicistas de estilo arqueográfico, descriptivo, con reducidos estudios multidisciplinares. La investigación protohistórica se desarrollaba ligada todavía a los sectores más conservadores de la academia, especialmente, por su particular circunstancia, los estudios célticos (Moure, A., 1996: 19).

Será hacia los años 70, sobre todo a finales, cuando los estudios de arqueología revivan de nuevo por influjo de las corrientes venidas de Europa. Sin embargo, este será un proceso muy lento, solo notorio a principios de los 80, ya que en 1973 todavía un estudio publicado por Alcina Franch (1975) al hacer recuento del contenido de 172 artículos de cinco de las más famosas revistas de arqueología de España, revela que tan solo un 10% de todos ellos eran de corte teórico o historiográfico. Pero a comienzos de los años ochenta ciertas figuras del panorama arqueológico español comienzan a despuntar aplicando elementos teóricos y metodológicos nuevos a sus campos de estudio. Aparecen así los primeros trabajos clave de la revolución teórica en arqueología entre los años 80 y 85, protagonizados por Vicent (1982, 1984, 1985), Martínez Navarrete (1983), la escuela marxista de Barcelona encabezada por Lull (1983; Lull, V,. et alií, 1981, 1984.), y los novedosos estudios de arqueología del paisaje liderados por Burillo (1984, Burillo, F. y Peña, J. L., 1884) o Arturo Ruiz y Manuel Molinos (1984), así como las cuestiones de análisis de la complejidad social que representaban, por ejemplo, los trabajos de Nocete (1984a, 1984b).

Todo este proceso, que se había desencadenado ya a principios de los 70 con la entrada del mundo europeo en España y la renovación protagonizada por nuevas generaciones de arqueólogos cristalizaban, en ciertas facetas de la academia, desarrollando teoría y método nuevos. Pero ni esta era la mayoría ni la renovación teórica podía afectar a todos los campos. La arqueología del la Edad del Hierro seguía tan impasible, especialmente en lo referente el mundo céltico. De hecho, las revoluciones habían levemente traspasado el ámbito para el que habían sido desarrolladas, Martínez Navarrete o Lull la Edad del Bronce, Vicent la filosofía de base aplicada al estudio de la Prehistoria antigua, Nocete al mundo del Calcolítico / Bronce del sudeste, etc.

La revolución en el campo de lo Céltico aun no había llegado, tan solo los estudios desde la perspectiva teórica y metodológica de la Arqueología Espacial que Burillo estaba aplicando al ámbito celtibérico, o las posteriores aproximaciones a una arqueología de lo social realizadas por autores como Ruiz Zapatero (Ruiz Zapatero, G. y Chapa, T., 1988) destacaban entre un amplio grupo de lingüistas y arqueólogos que continuaban con una arqueología de corte normativista, muy arraigada en los conceptos básicos de elite, cultura, rasgos de carácter, etc.

Sin embargo, un común denominador, a la luz de la ruptura tipológica con los elementos centroeuropeos, hallstatticos y latenienses, será un giro hacia los procesos autóctonos, en gran medida o totalmente desvinculados del elemento europeo, intentando huir del calificativo de invasionista / difusionista, sinónimo de retrógrado, escudándose en muchos casos en las mejoras técnicas que parecen conferir una mayor capacidad de "análisis objetivo" y que tuvieron su explosión algo mas tarde que en la arqueología norteamericana, hacia los 70/80. El proceso invasionista, residual en todos los trabajos sobre la formación de los grupos arqueológicos de la Celtiberia comienza a redefinirse y a delimitarse a través de trabajos

EL PENSAMIENTO EUROPEO Y EL CONCEPTO DE CELTÍBERO: 1821-1939.

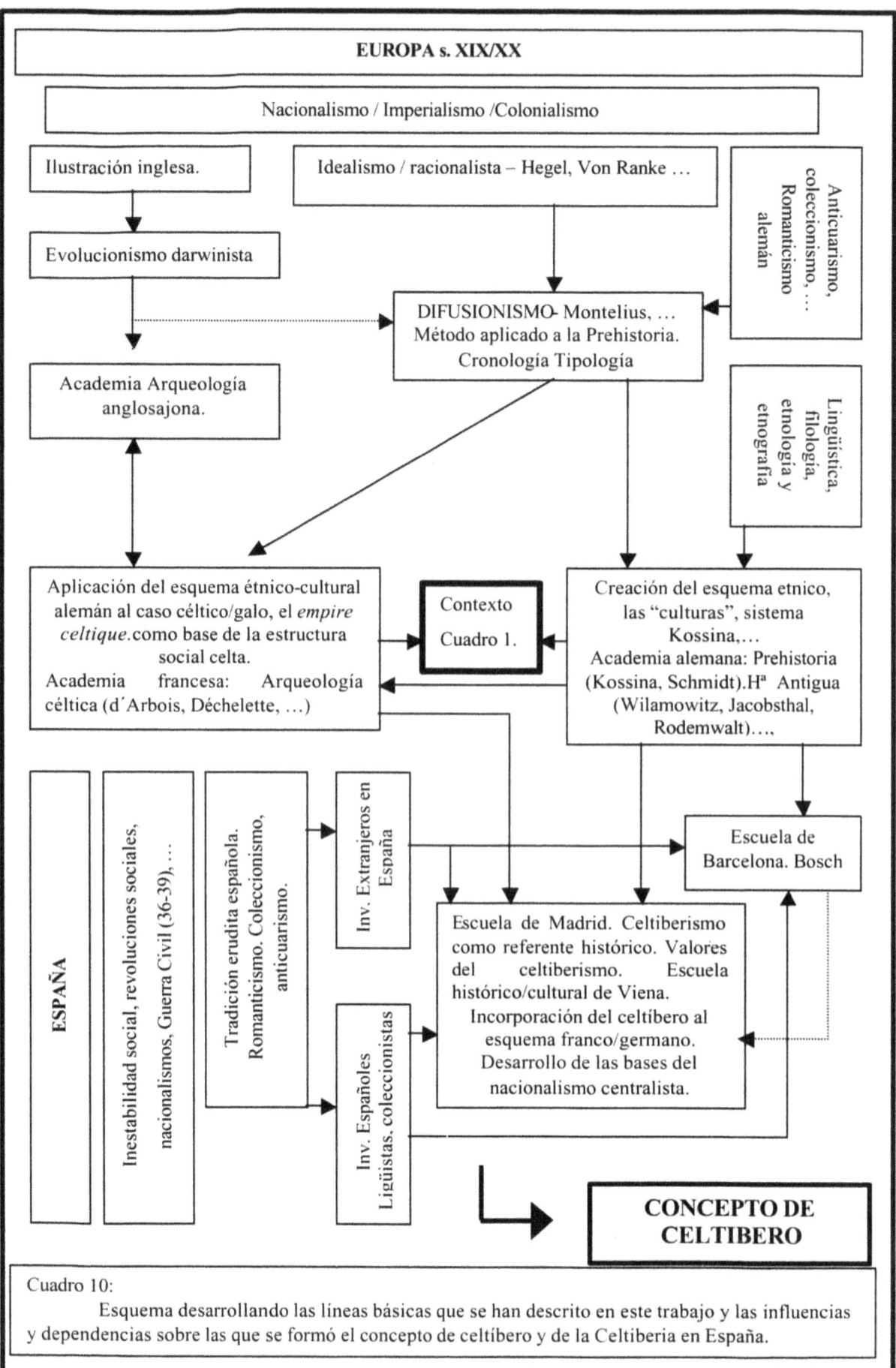

Cuadro 10:
  Esquema desarrollando las líneas básicas que se han descrito en este trabajo y las influencias y dependencias sobre las que se formó el concepto de celtíbero y de la Celtiberia en España.

que evidencian el intento de renovación de la disciplina, como los últimos de Ruiz Zapatero (1995, 1997) y que tratan específicamente del tema. En el, sin renunciar a las influencias y ciertos movimientos de aculturación y a una importante referencia tipologicista (1995: 40) se racionaliza el concepto de invasión como motor de la celtiberización.

Es, excepcionalmente, un ejercicio reflexivo que pretende dar un fondo argumental a una teoría que pasa de ser "de las invasiones" a "de los contactos", en una línea que se acerca a la Arqueología Social también desarrollada por otros investigadores (Ruiz-Gálvez, 1985-86, 1990, 1991; Jimeno, A. y Morales, F., 1993; Jimeno, A. y Arlegui, M., 1995; Jimeno et alií., 1999). Podemos destacar, especialmente, a Jimeno, aplicando sistemas de análisis multidisciplinares y de larga duración histórica, cuya mejor exponente puede ser su trabajo sobre *El poblamiento en el Alto Duero* (1995) y que no es sino uno de una gran cantidad de trabajos en este sentido. Por otro lado serán, en general, los más afectados por el aislacionismo, dedicando numerosos trabajos de carácter reduccionista a regiones o incluso puntos muy concretos de la evidencia arqueológica sin una más amplia contextualización (Aguilera, 1995; Arenas, 1993, 1997; Arenas y Martínez Naranjo, 1993-95, 1999).

Sin embargo, la preocupación por los aspectos sociales, espaciales o sobre paisajes antiguos, no es general, sino más bien una línea que va creciendo poco a poco entre un nutrido grupo que mantiene una línea bastante más tradicional.

Hoy en día aun conservamos numerosos residuos de elementos que se concibieron en el momento de la formación del concepto de celtíbero, a principios de siglo y que provienen de toda esa larga tradición de estudios franco-germánicos de la que hablamos. Quizá el más común de todos, por la transformación que ha sufrido en el lenguaje arqueológico sea "cultura", que se ha descargado de gran parte de su implicación étnico-cultural, pero que conserva en muchos casos un poso de identidad entre pueblos antiguos y etnicidad, asumiendo en buena parte que los cambios producidos en una sociedad antigua son definidos por cambios en su cultura, por lo tanto en su identidad étnica. Esto no tiene porqué implicar cambio total o desplazamiento de una por otra, pero sí cuando menos un invasionismo solapado, parcial e imprescindible para que pueda producirse el cambio (Almagro Gorbea, 1991, 1992, 1993, 1997; Lorrio 1993, 1997; Albertos, 1990; Ciprés, 1990; Romero, 1991, 1995; Villar, 1991; etc.).

Ha quedado también en ciertas teorías un mitigado concepto de una elástica y omnipresente "cultura" celta, heredera aligerada del *empire celtique*, nacida en los principios del carácter de la "cultura" del Bronce Atlántico y superviviente hasta las estribaciones del mundo altomedieval. Desde los celtas de Iberia hasta los irlandeses, pasando por Francia, el alto Rin y los gálatas del Asia Menor (Almagro Gorbea, 1992: 5-7, 1997: 4-7; Salinas, 1988: 107-109).

Por ello el celtíbero, que había renacido en la arqueología española de principios de siglo como el ser noble, rudo, valeroso y sobre todo amante de los valores básicos de la civilización primigenia que formaba la "céltica" europea: la libertad, el pueblo y la familia, se debate hoy entre el ser un "producto de la tierra", aferrado a sus procesos autóctonos (Arenas, 1993, 1997), aunque abierto a las influencias del exterior, como las venidas de la "cultura" de los Campos de Urnas (Romero, 1991), y su faceta europeísta, por la que comparte sus bases culturales con toda la vertiente norte de un continente unido por esos lazos básicos culturales comunes (Almagro, 1992; Salinas, 1984: 154-156; 1988: 108).

La revolución teórica en la Edad del Hierro comenzó ya a principios de los años 90 en los países anglosajones, cada vez más espejo de la investigación en España, entrando con fuerza en los jóvenes investigadores, muchos de ellos formados en Inglaterra o Norteamérica. Sin embargo los celtíberos, como muchos de los pueblos de la Edad del Hierro de la Península Ibérica, siguen esperando la posibilidad de ser definidos desde planteamientos teóricos y metodológicos más amplios, interdisciplinares (complementarios, no yuxtapuestos), que ofrezcan una visión lo suficientemente completa como para abarcar la amplia complejidad de una sociedad protohistórica.

EL PENSAMIENTO EUROPEO Y EL CONCEPTO DE CELTÍBERO: 1821-1939.

SUMMARY.

The present work tries to show how the convergence of diverse factors, from the European social and political context, passing through the contexts of the most important archaeological academies, to finally get in the formation of what we could say the first archaeological school in Spain, they have left us a deep step of the image of the studies of the celtiberic world and their concept. The formation of the celtic studies in Spain is much more related to an European projection than it seems in a first sight because of its formation, even when they were soon darkened by a series of regionalist and nationalist studies based on a kind of *Hispanic* processualism, it has left in the base of these studies a step we still can recognize nowadays.

The old continent boils due to the socio-political tensions, crises produced by the social change that will generate several revolutions throughout the century and will mark the events of the following one. The rise of the regional nationalisms will become imperialism and colonialism in the State policies, making prevail some nations over others and creating blocks with areas of influence very well defined. Will be born therefore the academies promoted by ideological currents or aligned with the national policies and these the two great basic ideological currents that will mark the century: the Anglo-Saxon and the Germanic one (although I know that this is a reduction to very basic lines, is sufficiently clarifying). These academic traditions will come into two different ways of understanding archaeology.

In this century the slow but revolutionary cadence from the antiquarism towards archaeology like discipline will take place, generating a methodology, assimilating techniques from other fields, and developing applied theory. There was names like Lubbock or Pitt-Rivers in the English panorama, added to those of the Anglo-Saxon anthropology like Spencer, Taylor or Morgan, and indebted of the expositions of the Darwinism. On the other hand the German-French school advanced combining studies of linguistics and philology (Fick, Windisch, of Saussure), ethnology (Ratzel) and with a base of antiquarism and collectors who are taking step to professionals who will work in museums and universities, developing method and technique, as well as an explanatory theoretical frame that was the Difusionism, of which Oscar Montelius was the maximum exponent. Prehistory like discipline was born here, giving primacy to the temporary period like referring and leaving to the term "archaeology" like a more technical definition. The influence of the Germanic-French elements in Spain was very important. Its constant physical and theoretical presence will turn them the reference model to the Spanish academy that until principles of 20th century we will not be able to consider theoretical and methodologically formed and with conscience of being a professional discipline. One of the pillars of this archaeology came through the tradition of French studies and the generation of the theory of the Celtic State or "Celtic Empire", whose creator and organizer was the French researcher d´Arbois de Juvainville.

From him numerous assumptions about the character of the celtic people will come, taken from the sources referred to the Pre-Roman Barbarian world and from the linguistic auhors (Fick mainly). But he will be also a transmitter of the **ethnic-cultural paradigm**, which will take like joint scheme and, looking for a model of suitable celticism, will built up on the Early Christian societies of Ireland, extrapolating the model in the time and the space to the Galia case, generalized like "celtic". This argument would place the Galia like first articulation point of a united Europe, as the first "European Community" under the Celtic Empire splendour. A Celtic Empire based on an assumed ethnic common group with common cultural roots and a diversity of expressions of this culture.

Although d´Arbois does not do but to reunite and to give form to previous arguments, their original joint and its capacity to argue, generate an attractive model in which be able to integrate the Pre-roman towns of the Iberian Peninsula. Thus will be in Spain, since the references are always going to be the Central European elements, being based on the parallels of Hallstatt and La Tène for more than a half century, until the 80' and the beginning of the processualism when many investigators broke totally contact with European references.

But what clearly reveals the bibliographical analysis in scientific texts at the beginnings of the 20th Century on the celtic and the celtiberic in Spain is that it will not be directly d'Arbois in many cases but the theories of Déchelette those that are reflected in these. Déchelette will be the great diffuser of the theory of *"Empire Celtique"*, and the "techno- typological" organisation of European Protohistory, being its manual of basic use in the Spanish universities until the 70'.

On the other hand, the German theoretical impulse would have to influence in Spain and the Spanish investigators by three different routes. By the elements that arrive through the French, by the theoretical elements brought by the investigators who worked directly in Spain and, in last case, during the first years of century 20th, by the tremendous influence that they had in the young people who were formed in Germany during the stays promoted by the *Junta de Ampliación de Estudios* (JAE).

From this time comes the adoption of new concepts in Spanish archaeology such as "culture", "ethnicity", or the assumption of the technique of the Kossina's method, very followed and practiced by the German professors in the first years of 20th Century and until 2nd World War. Merhart, Jankuhn, Schmidt or Menguin among other many, used this method, using the settlement archaeology (*Siedlungsarchäologie*), paleo-anthropological techniques and their argumentations, as well as the integration of these in **ethnic-cultural systems** and transmitting it to their disciples. They were the first prehistorians and those that transmitted the term like distinctive of a discipline that already studies east period with the help of the archaeological techniques. In Spain it happens in the 30' with the first exponent truly self-considered prehistorian with all the consequences was Almagro Basch.

Historic-cultural school of Vienna will be actually the reference of Spanish archaeology until present times. The critics to Kossina will be many and their theories will be developed and purified by others like Jürgen Eggers (1951) or Herbert Jankuhn (1943, 1956), whom continued accepting the methods but in everything or partly the ethnic paradigm (Härke, 1991: 188). This monolithic academicism, added to the political conditions of post-war period, will cause in Spain a paralysis of the theoretical dialectic, not restarted until the timid beginnings of the mental opening to the Anglo-Saxon world around the 80's. But this phenomenon also took place in the Germanic academy, where the studies of Härke specially reveal a total paralysis in the theoretical and interpretative aspect during the last century and in the twenty last years (Härke, 1989, 1991). This can be because the traditional Historicism bases its argument lines on the positive data and its subsistence like discipline in the principle of authority, which eliminates, to a great extent, the dialectic process and the possibility of theoretical regeneration.

The English academy, by its background and historical distance of Spain, that always has felt much more near the French-German axis, has not gotten to have a real and concrete influence until entered into the second half of the 20th century. Although it will arrive to us, once again under the prism of the French interpretation, the Anglo-Saxon celtic element, some references to Myres or Evans and some work, already very late, of Childe. On the other hand the social and political process in Spain created a tremendous desolation and disappointing, producing the rising of the regionalist nationalisms, the worker's mobilizations and the disenchant of the army. In this surroundings it was tried to maintain a nationalism supported by the official policies that tried to reinforce the historical image of Spain linked to a glorious past and ancestral roots.

The Spanish academy, that until end of 19th century had taken care of the Celtiberia just like introduction to great corpus of General History, began to give a new dimension in these moments. Finished the interests in the mythical origins based on classic (Greek) cycles, the reconstruction of the identity begins based on pre-roman people, preferably de Celtiberians. This activity of still amateurs and erudites people drives to take step to an archaeology that begins to be a discipline.

Joaquin Costa supposes a transit between two centuries and two ways to understand the archaeology of the Celtiberia, contributing ements taken from the French (was a great follower of the Revue d'Etudes Celtiques, d'Arbois and Déchelette) and a special interest by the social and economic component, well documented and systematized, he does not help being a scholar of the Ancient History that speaks from the point of view of the Law (he was a lawyer) and that even assumes multitude of topics and legends as ethnic features.

Nevertheless, and although Spanish archaeology until beginnings of 20th century was strongly bound to the antiquarism, the foreign archaeologists and prehistorians had arrived with their new methods and a concepts from new analysis based on the difusionist paradigms and the concepts before mentioned from "culture". These will stick very deeply in the formation of the Spanish academy, although in a first moment they only will be interested in the information that could be got from here, publishing in his respective countries and in his language, in a real exercise of archaeological colonialism, little by little they are integrated themselves and they will pass of the obliging scorn of Hübner to the integration and gradual symbiosis of Schulten.

The contributions of the foreign elements will be basic to understand how, being combined with this tradition of antiquarism studies, collectors and the most typological way of research, which they will begin to connect taken by people of great capacity like Mélida or Gómez Moreno (who had been favourite disciple of Hübner until his death), give rise to a generation that symbolizes the beginning of the modern archaeology of the Celtiberia.

Nevertheless, the construction of the schools of archaeology in Spain not only depends on the relationship between the foreign theoretical thought and the formation of professional young people into the Spanish antiquaries tradition, but on the socio-political contexts once again.

At that time, in Madrid, a series of distinctive elements of an archaeology of the celtic like paradigm of the Spanish character were developed, assumed from the European tradition, added to the special Iberian prism, like referring origin and of the nation. Whereas, in Barcelona, it emphasized one of the most interesting figures of the archaeological panorama of first half of century 20th in Spain, Pedro Bosch Gimpera. Both areas had developed an archaeology of pro-European references, formed all in German Universities. The typological references in their texts will be always the Hallstattic or La Tène worlds, and the Central Europe cultures, united with the thread of the Difusionism and the invasions.

However, the objectives were well different outlined between those in favour of a celtic archaeology, assimilated to centralizing polities from Madrid, and the arguments of Bosch, who spoke in favour of the strong personality of the Iberian world, cultural reference of the East coast (and the strong Catalan nationalism that he was active part of), but with a wide knowledge of the "Spanish celtic world".

So much would get to be the controversy after the Civil War that in 1945 Domingo Fletcher sees itself in the obligation to write an article whose title already is sufficiently revealing, "En defensa del Iberismo *(In defence of the Iberism)* (Fletcher, 1945: 168-187). Its work tries to show the pro-indo-europeization campaign, and more particularly pro-celtic, carried out in the Spanish academy of those moments. Before the refutation of the absence of the "iberos" (Martinez Santa-Olalla, 1946) or its origin as "Mediterranean Celts" (Almagro, 1945) he puts himself in the aim of argue against this indo-europeism and stating the fact of an specific definition by culture and language of these peoples far away from that roots.

These two investigators, Almagro and Martínez Santa-Olalla, will be perhaps the more focused in the celtic subject, although others also make reference to the substrate, to the celtic groups and to indo-European or the indo-Germanic peoples, term more concretely by German roots, fruit of purer the theoretical expositions of the ethnic theory of Kossina that gets to give name to one of the deepest works on the concept of the indo-europeization of the then Peninsula (García y Bellido, 1951).

The stays of Spanish researchers in Germany from the beginnings of the 20th Century to Civil War, had forged series of elements of pro-European identification that all of them will develop, from more traditional points of view, as much in field of Ancient History, such as in the case of García y Bellido, or Prehistory such as Taracena or, mainly Almagro and Martínez Santa-Olalla.

Other authors have wrote about the subject and already defined Almagro and Martínez Santa-Olalla like the breakthrough points in the leadership of Spanish archaeology, the departure point generated by the Fascism (Gilman, 1995: 2). Certainly, the appearance is that after the Civil War, when is produced the total replacement of people in the key positions. The political primacy in the archaeological academy that until that moment seemed to have had Bosch Gimpera was retaken and replaced, and which also it happened to the Chair of Hugo Obermaier and its substitution by Martínez Santa-Olalla. But I do not believe that this is as politic as Gilman argues, since nor Almagro was simply the "falangista" that replaced Bosch, nor Martínez Santa-Olalla the Pro-Nazi that snatched the armchair to Obermaier.

Indeed and as later himself relates, the academy was more far from politics that can seem (Gilman, 1995: 5). There is not a Fascist Archaeology in Spain in post-war period, since for that must rather have a theoretical and methodological line established that did not exist, but a politic use of the normativism that already was articulated before the conflict existed. Thus, most of Bosch students, who remained in Spain, are integrated without problems in the head of Spanish archaeology.

There is, of course, an important political meaning into the archaeological production. There are some works that show it clearly. One could be the Cabre's article *"El Saludo Ibérico, saludo racial precursor del nacional. Su difusión por Europa en Unión del Gladius Hipaniensis"* (1943), or the most taking side work of Almagro, in words of Jordi Cortadella: "[...] *which tries is to justify the ancestral unit of Spain under the argument of the primal racial and ethnological homogeneity, and in damage of affronted nationalities also with ethnologic arguments"*, talking about its *Origen y formación del pueblo hispano* (Origin and formation of the Hispanic People) of 1958 (Cortadella, 1988: 2). A conception, that Cortadella himself has defined as "orteguiana" (from the Spanish philosopher Ortega y Gasset) (Cortadella, 1988; 3), of what Spain is and what needs in its European context and as Nation. And that's really an applied consequence of the Hegel's Idealism to the Spanish case through his particular point of view.

This inheritance was more serious by the theoretic lack of fascist thoughts. The lines adopted after the war are very much into transmit the keenness of Germanic listing, cataloguing and building up huge typologies. It is the remaining of the History School of Vienna, but bathed by a idealized vision of the History, inherited of the romanticism and harnessed by the necessity to recover a battered national pride.

The Celtiberians are therefore included in the general dynamics of the Celtic Spain, like a brave race, paradigm of the values and the resistance to the invader (remember Numancia). Nevertheless, something has changed since Schulten applied the archaeological method the study the Celtiberia, and this, after the investigations of Bosch and Taracena, is clear in Almagro Basch. He will be first in using archaeological arguments only, seating the bases of a celticism of Central European entailment that will affect to the Celtiberians during a long time (Almagro, 1935).

But, at the end of the day, what's into the term Celtiberian? Since these times the entailment to the term has been quite wide and it has been little defined. So Celts came to be the "cultures" of La Tène A, Hallstatt D, or La Tène B/C, like the "cultures" of the Atlantic Late-Bronze Age or North-western Iberia hillforts, defining itself in general like the no-Mediterranean, no-Iberic, but also, as Kalb defined (1989: 143-145), remembering the substantial difference between Celts and Celts from Galia, like two different types of celticism.

After the years of the war, the post-war period will be a waste-land in the theoretical aspect. This period, between years 40 to 70, has been defined as a great lack of theoretical direction, in Spanish archaeology in general and specially in the Celtic one (Vázquez, J. M. and Risch, R., 1991: 25-27; Martínez Navarrete, M. I., 1997: 31; Moure, A, 1996: 18-21). The Proto-historic investigation nowadays has been developed beating the most preservative sectors of the Academy, and specially by its particular circumstance, in the Celtic studies (Moure, A, 1996: 19).

BIBLIOGRAFÍA GENERAL.

Historia Contemporánea de Europa.

Fernández García, A (1984) *Historia Universal: Edad Contemporánea.* Vicens Universidad, nº 4. Vicens Vives. Barcelona.

Heffer, J. y Sherman, W (1988*) De las revoluciones a los imperialismos, 1815 – 1914.* Akal. Madrid.

Tusell, J (1988) *Historia política y social, moderna y contemporánea.* Serie CC. Políticas y Sociología. UNED. Madrid.

Villani, P (1996) *La Edad Contemporánea, 1800 – 1914.* Ariel. Barcelona.

Historia Contemporánea de España.

Carr, R (1979) *España 1808 – 1936.* Ariel. Barcelona.

Gil Pecharromán, J (1990) *La Segunda República.* Biblioteca de Historia, nº 6. Historia 16. Madrid.

Moreno Alonso, M (1979) *Historiografía romántica española.* Universidad de Sevilla. Sevilla.

Paniagua, J (1989) *España: Siglo XX. 1898 – 1931.* Biblioteca Básica de Historia. Anaya. Madrid.

Shlomo Ben-Ami (1984) *La dictadura de Primo de Rivera. 1923 – 1930.* Planeta. Madrid.

Tusell, J (1975) *La España del siglo XX.* Dopesa. Barcelona.

REFERENCIAS AL TEXTO.

Abascal (1999) *El padre Fita.* Real Academia de la Historia. Madrid.

Aguilera, E. de, Marqués de Cerralbo (1916) *Las necrópolis ibéricas.* Madrid.

Aguilera, E. de, Marqués de Cerralbo (1913a) Nécropoles ibériques, *XIV Congrès International d´Anthropologie et d´Archeéologie Préhistoriques (Gèneve 1912),* tomo I , Gèneve, pp: 593-627.

Aguilera, E. de, Marqués de Cerralbo (1913b) Les fouilles d´Aguilar d´ Anguita. Nécropole celtibérique. Stèle à gravure, *Revue des Etudes Anncienes* XV, 4, pp: 437-439.

Aguilera, E. de, Marqués de Cerralbo (1911) *Páginas de la Historia Patria por mis excavaciones arqueológicas,* tomo III y IV, obra inédita.

Aguilera, E. de, Marqués de Cerralbo (1909) *El Alto Jalón. Descubrimientos arqueológicos,* Madrid.

Aguilera, I. (1995) "El poblamiento celtibérico en el área del Moncayo". *Poblamiento Celtibérico. III Simposium sobre los Celtíberos,* pp: 213-233. Zaragoza.

Albertos, M. L. (1990) "Los topónimos en –briga en Hispania". *Veleia,* pp: 131-146.

Alcina Franch, J. (1975) "La arqueología antropológica en España: situación actual y perspectivas". *Primera Reunión de Antropólogos españoles.* Sevilla.

Almagro Basch, M. (1952) "La invasión céltica en España". Menéndez Pidal, R. (Coord.), *Historia de España,* I, 2, pp: 1-278. Madrid.

Almagro Basch, M. (1947-48) "Sobre la fijación de las invasiones indoeuropeas en España". *Ampurias,* 9-10, pp: 326-330.

Almagro Basch, M. (1947-48b) "La cultura de Golaseca y los celtas españoles". *Ampurias,* 9-10, pp: 330-337.

Almagro Basch, M. (1942) "La necrópolis céltica de Griegos". *Archivo Español de Arqueología,* XV, 47, pp: 104-113.

Almagro Basch, M. (1939) "La cerámica excisa de la primera Edad del Hierro de la Península Ibérica". *Ampurias,* I, pp: 138-158.

Almagro Basch, M. (1935a) "El problema de la invasión céltica en España, según los últimos descubrimientos". *Investigación y Progreso,* 9, pp: 180-184.

Almagro Basch, M. (1935b) "Morillos votivos del Roquizal del Rullo

(Fabara, Zaragoza). *Anuario del Cuerpo Facultativo de Archiveros, Bibliotecarios y Arqueólogo*, III, pp: 117-182.

Almagro Gorbea, M. (1997) "Los celtas en la Península Ibérica". *Celtas y celtíberos. Realidad o leyenda*, pp: 7-22. U.C.A. Madrid.

Almagro Gorbea, M. (1993) "Los celtas en la Península Ibérica: Origen y personalidad cultural". *Los Celtas Hispania y Europa*, pp: 121.173. Madrid.

Almagro Gorbea, M. (1992) "El origen de los celtas en la Península Ibérica. Protoceltas y celtas". *Polis*, 4, pp: 5-31.

Almagro Gorbea, M. (1991) "Los celtas en la Península Ibérica". *Los Celtas en la Península Ibérica. Extra Revista de Arqueología*, 5, pp: 12-17. Madrid.

Álvarez Martí-Aguilar, M. (1997) "Modelos historiográficos e imágenes de la Antigüedad: El cerco de Numancia de Miguel de Cervantes y la Historiografía sobre la España Antigua en el siglo XVI". *Historia Antigua*, XXI, pp: 545-570. Málaga.

D'Arbois de Jubainville, H. (1981) *El ciclo mitológico irlandés y la mitología céltica*. (Reedición) Barcelona.

D'Arbois de Jubainville, H. (1904) *Les celtes depuis les temps plus anciens jusqu'a l'an 100 avant notre ère*. París.

D'Arbois de Jubainville, H. (1902) "Principaux auters à consulter pour l'histoire des celtes". *Cours de littérature celtique* 12. París.

D'Arbois de Jubainville, H. (1893-4) "Les celtes en Espagne". *Revue Celtique* 14, pp: 357-395, 15, pp: 1-61. París.

D'Arbois de Jubainville, H. (1889) *Premiers habitants de l'europe*. París.

D'Arbois de Jubainville, H. (1871) Glosaire gaulois. Revue Celtique, 1 pp: 457-459. París.

Arenas, J (1997) "La génesis de la cultura celtibérica en el área Alto – Tajo, Alto – Jalón:¿Continuidad o ruptura?. *Celtas y celtíberos. Realidad o leyenda*, pp: 114-141. U.C.A. Madrid.

Arenas, J (1993) "El poblamiento de la Segunda Edad del Hierro en la depresión Tortuera-La Yunta (Guadalajara). *Complutum*, 4, pp: 279-296. Madrid.

Arenas, J., y Martinez Naranjo, J. P. (1999) "Explotación del hierro en el curso alto del río Mesa". *IV Simposio sobre celtíberos. Economía*, pp: 215-223. Zaragoza.

Arenas, J., y Martínez Naranjo, J. P. (1993-95) "Poblamiento prehistórico en la Serranía Molinesa: <<El Turmielo>> de Aragoncillo (Guadalajara)". *Kalathos*, 13-14, pp: 89-141. Teruel.

Baquedano, I. (1993) "Encarnación Cabré Herreros. La primera mujer en la Arqueología española". *Revista de Arqueología*, 146, pp: 54-59. Madrid.

Belloguet, R. (1858) *Ethnogénie gauloise*. París.

Beltrán, A. (1982) *Juan Cabré Aguiló (1882-1982)*. Institución Fernando El Católico. Zaragoza.

Bertrand, A. (1889) *Archaeologie celtique et gauloise*. París.

Bertrand, A. y Reinach, S. (1894) *Les celtes dans les vallées du Pô et du Danube*. París.

Biehl, P. , Gramsch, A. und MarciniaK, A. (2001) *Archäologien Europas/ Archaeologies of Europe. Geschichte, Methoden und Theorien / History, Methods and Theories*. Waxmann Münster. Berlín.

Blech, M. (1995) "La Antiguedad como argumento, II". *Historiografía de la Arqueología e Historia Antigua en Andalucía*. Gascó, F. Y Beltrán, J. (eds.). pp: 38 –47. Sevilla.

Bosch Gimpera, P (1952-53) "Les mouvements celtiques. Essai de reconstitution" , *Etudes celtiques*, VI, pp: 328-355. París.

Bosch Gimpera, P (1944) *El poblamiento antiguo y la formación de los pueblos de España*, México.

Bosch Gimpera, P (1942) *Two Celtic Waves in Spain*, (Proceeding of the British Academy, XXVI), London.

Bosch Gimpera, P (1941) *Les celtes et la civilisation des urnes en Espagne*, a Préhistoire, VIII, pp:121-154.

Bosch Gimpera, P (1933) "Los celtas y el País Vasco", *Sociedad de Estudios Vascos*, XXIII, 4, pp: 3-32.

Bosch Gimpera, P (1932) *Tecnología de la Península Ibérica*. Barcelona.

Bosch Gimpera, P (1921-26) "Necrológica: Emile Cartailhac", *Anuari de l'Institut d'Estudis Catalans*, VII, p: 220.

Bosch Gimpera, P (1921) "Los celtas y la civilización céltica en la Península Ibérica". *Boletín de la Sociedad Española de Excursiones*, XXIX, pp: 248-301.

Bosch Gimpera, P (1915-16) "Necrológica: Josep Déchelette". *Anuari de l'Institut d'Estudis Catalans*, V, pp: 930-931.

Bosch Gimpera, P (1914) "Recensión sobre los trabajos de Luis Siret", *Anuari de l'Institut d'Estudis Catalans*, V, pp: 935-937.

Buchanan, G. (1582) *Rerum Scoticarum Historia*. Alexander Arbuthnet. Edimburgo.

Burillo Mozota, F. (1998) *Los celtíberos*. Crítica. Barcelona.

Burillo Mozota, F. (1988) *Celtíberos*. Burillo, F. (Coord.). Diputación Provincial de Zaragoza. Zaragoza.

Burillo Mozota, F. (1986) *Arqueología Espacial. Coloquio Sobre el Microespacio*. Seminario de Arqueología y Etnología Turolense. Teruel.

Burillo Mozota, F. (1984) *Arqueología Espacial. Coloquio sobre distribución y relación entre los asentamientos*. Seminario de Arqueología y Etnología Turolense. Teruel.

Burillo, F., y Peña, J. L. (1984) "Modificaciones por factores geomorfológicos en el tamaño y la ubicación de los asentamientos primitivos". *Arqueología Espacial. Coloquio sobre distribución y relación entre los asentamientos*, pp: 27-39. Seminario de Arqueología y Etnología Turolense. Teruel.

Cartailhac, E. (1886) *Les ages prehistoriques de l'Espagne et du Portugal*. Reinwald. París.

Cabré, J. (1943) "El saludo ibérico, saludo racial precursor del nacional. Su difusión por Europa en unión del gladius hispaniensis". *Coleccionismo. Revista de Coleccionistas y Curiosos*, XIX, 196, 21-31.

Cabré, J. (1937) *Necrópolis de La Osera*. Junta Superior de Excavaciones y Antiguedades, 127.

Cabré, J. (1932) *Excavaciones de Las Cogotas, Cardeñosa (Avila) II La Necrópoli*. Junta Superior de Excavaciones y Antiguedades, 120.

Cabré, J. (1930) *Excavaciones en la necrópolis celtibérica del Altillo de Cerropozo, Atienza (Guadalajara)*. Junta Superior de Excavaciones y Antiguedades, 105.

Cabré, J. (1922) " El marqués de Cerralbo". *Coleccionismo*, 17, pp: 314-315.

Cabré, J. (1916) "Una sepultura de guerrero ibérico de Miraveche". *Arte Español*. Madrid.

Cabré Aguiló, J. y Cabré, E. (1933) "Datos para la cronología del puñal de la cultura de Las Cogotas". *Archivo Español de Arqueología*, 24, pp: 37-47. Madrid.

Childe, G.V. (1933) "Races, peoples and cultures in prehistoric Europe". *History*, 18, pp: 193-203. Londres.

Childe, G.V. (1926) *The Aryans: A study of Indo-european origins*. Kegan. Londres.

Childe, G.V. (1925) *The dawn of the european civilisation*. Kegan, P. Londres.

Ciprés, P. (1990) "Sobre la organización militar de los celtíberos: La Ivventvs". Veleia, 7, pp: 173-187.

Collis, J. (1997) "Celtic Myths". *Antiquity*, 71: 195-201.

Comas, J. (1976) *In Memoriam Pedro Bosch-Gimpera 1891-1974*. UNAM. México.

Cornide (1799) *Noticia de las Antigüedades de Cabeza del Griego*. Madrid.

Cortadella, J. (1988) "M. Almagro Basch y la idea de la unidad de España". *Studia Historica. Historia Antigua*, vol. VI, pp: 2-25.

Cortés y López (1836) *Diccionario Geográfico-Histórico de la España Antigua. Tarraconense, Bética y Lusitania*. Madrid.

Costa, J. (1917) *La religión de los celtíberos y su organización política y social*. Madrid.

Costa, J. (1879) *La organización política, civil y religiosa de los celtíberos*. Madrid.

Daniel, G. E. (1950) *A hundred years of Archaeology*. Duckworth. Londres.

Déchelette, J. (1912) Les fouilles du marquis de Cerralbo, *Comptes rendus des séanses de l'Academie des Inscriptions et Belles-Lettres*, Paris.

Déchelette, J. (1911-1914) *Manuel d'archéologie préhistorique, céltique et galo-romaine*. Vol. I – IV. París.

Déchelette, J. (1904) *Les fouilles de Mont Beuvray de 1897-1901*. Picard. París.

Delgado,A.; Olazabal, S. de y Fernández-Guerra, A. (1877) Excavaciones hechas en el Cerro de Garray, donde se cree que estuvo situada Numancia, *Boletín de la Real Academia de la Historia*, I, pp: 55-58.

Díaz-Andreu, M. (1996) "Arquéologos españoles en Alemania en el primer tercio del siglo XX. Los becarios de la Junta para la ampliación de estudios e investigaciones científicas", *Madrider Mitteilungen*, 37, pp: 205-224.

Díaz-Andreu, M. (1995) "Arquéologos españoles en Alemania en el primer tercio del siglo XX. Los becarios de la Junta para la ampliación de estudios e investigaciones científicas", *Madrider Mitteilungen*, 32, pp: 79-89.

Dottin, G. (1906) *Manuel Celtique*. Rennes.

Dottin, G (1915) *Manuel pour servir à l'etude de l'antiquité celtique*. Champion. París.

Eggers, H.J. (1951) Der römische Import im freien Germanien. *Atlas der Urgeschichte* 1, Museum für Völkerkunde und Vorgeschichte. Hamburg.

Eggers, H.J. (1950) "Die vergleichende geographisch-kartographische Methode in der Urgeschichtsforschung". *Archaeologia Geographica* 1, pp: 1-3.

Erro, J.B. (1906: *Alfabeto de la lengua primitiva en España*, Madrid.

Evans, A. J. (1890) "On a late celtic urn-field at Aylesford, Kent". *Archaeologia*, 52, pp: 315-388. Londres.

Evans, J. (1850) "On the date of British coins". *The Numismatic Chronicle and Journal of the Numismatic Society*, 12, pp:127-137. Londres.

Fernández-Guerra, A. (1878) Una tésera celtibérica. Datos sobre las ciudades celtibéricas de Ergavica., Munda, Cértima y Contrebia, *Boletín de la Real Academia de la Historia I*, (2ª edición1909), pp: 129-139.

Fernández-Posse, M. D. (1998) *La investigación protohistórica en la Meseta y Galicia. Vol. 1. Arqueología Prehistórica*. Madrid. Ed. Síntesis.

Fick, M. (1873) *Die chemalinge sprachencheit der indogermanen Europas*. Berlín.

Fita, F.(1878) *Restos de Declinación Céltica y Celtibérica en algunas Lápidas Españolas*. Madrid.

Fletcher, D. (1945) "Defensa del Iberismo". *Anales del Centro de Cultura Valenciana*, 12, pp: 168-187.

Florez, H. (1750) *España sagrada. Theatro geográphico-histórico de la Iglesia de España*. Madrid.

Fontana, J. (1992) *La Historia después del fin de la Historia: reflexiones acerca de la situación actual de la ciencia histórica*. Crítica. Barcelona.

Forner, J.P. (1788) *El discurso sobre el modo de escribir y mejorar la Historia de España (1816-1843)*. Madrid.

Fustel de Coulanges, D. J. (1888) *La cité antique: etude sur le culte, le droite, les institutions de la Grece et de Roma*. Ciges. París.

García y Bellido, G. (1955) *Arte Romano*. CSIC. Madrid.

García y Bellido, G. (1951) "Breve esquema del proceso de indogermanización de España". *Argensola*, vol. II, 8, pp: 321-328.

García y Bellido, G. (1943) "El castro de Coaña. Reconstrucción gráfica de una aldea prehistórica del Noroeste de España". *Investigación y Progreso*, vol. XIV, pp: 65-74.

García y Bellido, G. (1943b) "Los albiones del N.O. de España y una estela hallada en el occidente de Asturias". *Emerita*. Vol. X. Instituto de Filología Antonio Nebrija.

García y Bellido, G. (1941) "El castro de Coaña (Asturias) y algunas notas sobre el posible origen de esta cultura". *Archivo Español y Arqueología*, XIV, pp: 188-217.

García y Bellido, G. (1940a) "El poblado céltico de Castellón de Coaña (Occidente de Asturias)." . *Investigación y Progreso*, XI, pp: 97-100.

García y Bellido, G. (1940b) "Avances de las excavaciones de Castellón de Coaña" (en colaboración con el Prof. Uría). *Revista de la Universidad de Oviedo*, 3, pp: 3-29.

García y Bellido, G. (1940c) "El castro de Coaña (Asturias) y algunas notas sobre el `posible origen de esta cultura", *Revista de Guimares*, 50, pp: 284-311.

García y Bellido, G. (1933) "Sobre el probable origen del puñal español posthalistatico del tipo llamado Miraveche o del Monte Bernorio". *Investigación y Progreso*, vol. VII, pp: 207-211.

García y Bellido, G. (1932) "os bronces del Cerro del Barrueco". *Investigación y Progreso*, vol. VI, 2, pp: 17-19.

Gómez Moreno, M. (1962)*La escritura bástulo-turdetana: primitiva hispánica*. Madrid.

Gómez Moreno, M. (1958) *Adam y la prehistoria: historia primitiva del hombre*. Tecnos. Madrid.

Gómez Moreno, M. (1941-42) *Las lenguas hispánicas*. Universidad de Valladolid. Valladolid.

Gómez Moreno, M. (1925) Sobre los iberos y su lengua. *Homenaje ofrecido a Menéndez Pidal III*, pp: 475-499. Madrid.

Gómez Moreno, M. (1922) De epigrafía ibérica: el plomo de Alcoy. *Revista de Filología Española IX*, pp: 341-366.

Gran-Aymerich, E. (1998) *Naissence de l'Archéologie Moderne: 1798-1945*. Paris. CNRS.

Grünert, H. (2001) "Gustaf Kossina – ein Wegbereiter der nationalsozialistischen Ideologie". En *Prähistorie und Nationalsozialismus*, pp: 307-396. Leube, A. (editor). Synchron Publishers. Bonn.

Härke, H. (2002) "The German experience," en *Archaeology, Ideology and Society. The German Experience*, vol. 7, *Gesellschaften und Staaten im Epochenwandel*. Editado por H. Härke, pp. 11-40. Oxford. Peter Lang.

Härke, H. (1991) "All quiet on the western front? Paradigms, methods and approaches in west german archaeology. *Archaeological Theory in Europe*, pp: 187-222. London Routledge.

Härke, H. (1989) "The Unkel symposia: the beginings of a debate in West German archaeology? *Current Anthropology* 30, pp: 406-10.

Hawkes, C. (1948) "From Bronze Age to Iron Age: Middle Europe, Italy and the

North and West". *Proceedings of the British Academy*, XIV, pp: 196-218.

Hawkes, C. (1931) "Hillforts". *Antiquity*, V, pp: 60-97.

Hegel, F. (1837) *Filosofía de la Historia*. Gans, E. (Ed.), Podium (1971). Madrid

Hübner, E. (1897) "Berones". *Pauly Wissowa*, III. 1, pp: 308.

Hübner, E. (1893) *Monumenta Linguae Ibericae*. Berlín.

Hübner, E. (1888) *Arqueología de España*. Barcelona.

Hübner, E. (1869) *Inscriptiones Hispaniae*. Berlín.

Hübner, E. (1862) *Die Antiken Bildwerke in Madrid*. Berlín.

Hübner, E. (1861) *Epigraphische reiseberichte aus Spanien und Portugal*. Berlín.

Huxley, T. (1896) *Man's place in nature and other anthropological essays*. Appleton & C. Nueva York.

Jacobsthal, P. (1929) *Die Bronzeschnabelkannen: Ein beitrag zur geschichte des vorremischen imports nordlich der alpen*. Berlin.

Jacobsthal, P. (1944) *Early celtic art*. Londres.

James, S. (1999) *The Atlantic Celts: Ancient People or Modern Invention*. British Museum Press. Londres.

Jankuhn, H. (1956) *Haithabu: Ein Handelsplatz der Wikingerzeit*. Wachholtz. Neumünster.

Jankuhn, H. (1943) *Die Ausgrabungen in Haithabu (1937-1939): Vorläufiger Grabungsbericht*. Ahnenerbe. Berlin-Dahlem.

Jankuhn, H. (1937) *Haithabu: Eine germanische Stadt der Frühzeit*. Wachholtz. Neumünster.

Jimeno, A., Tabernero, C., Martínez Naranjo, J. P., y Collado, J. M. (1999) "Reconstrucción ambiental y dieta de los Numantinos". *IV Simposio sobre celtíberos. Economía*, pp: 165-178. Zaragoza.

Jimeno, A., y Arlegui, M. (1995) "El poblamiento en el Alto Duero". *Poblamiento Celtibérico. III Simposium sobre los Celtíberos*, pp: 93-126. Zaragoza.

Jimeno, A., y Morales, F. (1993) "El poblamiento de la Edad del Hierro en el Alto Duero y la Necrópolis de Numancia". *Complutum*, 4, pp: 147-156. Madrid.

Junker, K.(1997) *Das Archäologische Institut des Deutschen Reiches Zwischen Forschung und Politik. Die Jahre 1929 bis 1945*. Verlag Philipp von Zabern. Mainz

Kalb, P. (1993) "Sobre el término celta en la investigación arqueológica de la Península Ibérica". J. y Villar,. F. (eds.), *Lengua y Cultura en la Hispania Prerromana. Actas del V Coloquio sobre lenguas y culturas prerromanas de la Península Ibérica (Colonia, 1989)*, pp: 143-157. Salamanca.

Kelly, F. (1988) *A guide to early Irish law*. DIAS. Dublin.

Kossina, G. (1941) *Die deutsche Vorgechichte (eine hervorragend nationale Wissenschaft)*. Leipzig.

Kossina, G. (1921) *Die Indogermanen (Ein abris. Das Indogermaniesche Urvolk)*. Kabitzsch. Leipzig.

Kossina, G. (1911) *Zur herkunft der germanen, zur methode der siedlungsarchäologie*. Mannus Bibliothek, 6.

Lafuente, M. (1850-67) *Historia General de España, desde los tiempos primitivos hasta la muerte de Fernando VII*. Barcelona.

Leube, A. (2002) *Prähistorie und Nationalsozialismus*. Synchron Publishers. Bonn.

Lhuyd, E. (1707) *Archaeologia Britannica*, Vol. I. Oxford.

Loperráez, J. de (1788) *Descripción Histórica del Obispado de Osma (con el Catálogo de sus Prelados)*. Madrid.

López Jiménez, O. (2001) Europa y la creación de los modelos "célticos". El origen del paradigma étnico-cultural. *Trabajos de Prehistoria*, 58 (2): 69-88.

López Jiménez, O. (2000) El concepto de Celtiberia en la Arqueología Española del siglo XIX. El origen del paradigma céltico. *Celtiberia*, 94: 241-256

López Jiménez, O. (1999) "De Powell a James: 41 años de sueños célticos". *ArqueoWeb* (www.arqueoweb.net) 1(1).

López Jiménez, O., y Sastre Prats, I (2001) Europa en la creación de los modelos célticos en España: el síndrome del "patito feo". *ArqueoWeb (www.arqueoweb.net)* 3(3).

López Jiménez, O. y B. Díaz Santana. (2002) "La Prehistoria de Guadalajara en Europa a través de la obra de Joseph Déchelette". *Actas del I Simposio de Arqueología de Guadalajara*, vol I, pp: 115-123. Sigüenza.

Lorrio, A. (1997) *Los Celtíberos. Etnia y cultura*. Complutum Extra 7. UCM. Madrid.

Lorrio, A. (1993a) "El armamento de los Celtas Hispanos". *Los Celtas Hispania y Europa*, pp: 285-326. Madrid.

Lorrio, A. (1993b) "La formación de la cultura celtibérica". *XXII Congreso Nacional de Arqueología*, pp: 219-224. Vigo.

Lubbock (1965) *Pre-historic times, as illustrated by ancient remains, and the manners and customs of modern savages*. Williams and Norgate. Londres.

Lucas (1992), A. T. (1989) *Cattle in ancient Ireland*. Boethius. Kilkenny.

Lull, V. (1983) *La cultura de El Argar: un modelo para el estudio de las formaciones económico–sociales prehistóricas*. Akal. Madrid.

Lull, V., Estévez, J., Gasull, J., Sanahuja, E., y Vila, A. (1984) "Arqueología como arqueología: propuesta para una terminología operativa". *Primeras Jornadas de Metodología de Investigación Prehistórica*. Madrid.

Lull, V., Estévez, J., Gasull, J., Sanahuja, E., y Vila, A. (1981) "La investigación en Prehistoria: estado de la cuestión". *Estudios sobre historia de España. Homenaje a Tuñón de Lara*. Vol.I UIMP. Madrid.

Lyell, C. (1863) *The geological evidences of the antiquity of man, with remarks on theories of the origin of species by variation*. John Murray. Londres.

Mariana, Padre J. de (1852) *Historia General de España*, tomo I, Madrid.

Martínez Navarrete, I. (1997) "The development of Spanish archaeology in the 20th century". *Archaeologia Polona*, vol. 35-36, pp: 319-42. Varsovia.

Martínez Navarrete, I., y Vicent, J. (1983) "La periodización: un análisis histórico-crítico". *Homenaje al Prof. Martín Almagro Basch*. MEC. Madrid.

Martínez Santa-Olalla, J. (1946) *Esquema paletnológico de la Península Ibérica*. Seminario de Historia Primitiva del Hombre. Madrid.

Martínez Santa-Olalla, J. (1941) " Esquema paletnológico de la Península Hispánica". *Corona de Estudios que la Sociedad Española de Antropología, Etnografía y Prehistoria dedica a sus mártires*. Tomo I, pp: 141-166. CSIC. Madrid.

Masdeu (1784) *Historia Crítica de España y de la Cultura Española*. Madrid.

McNair, B. (1980) *Method and theory of V.G. Gordon Childe*. Edimburg University Press. Edimburgo.

Mederos, A. (1996) "La primera propuesta de la secuencia prehistórica del Sureste Ibérico. Luis Siret y Cels". *Tabona*, IX, pp: 379-397.

Menghin, O. (1931-1940) *Welgeschichte der Steinzeit*. Shlutz. Viena.

Montelius, O. (1899) *Der orient und Europa*. Königl. Estocolmo.

Montelius, O. (1903) *Die typologische methode: die älteren Kulturperioden in Orient und Europa*. Selbstverlag. Estocolmo.

Morgan, L. H. (1877) *Ancient Society*. Holt. Nueva york.

Mortillet, G. (1870) *Formation de la nation française*. Felix Alcan. París.

Mortillet, G. (1883) *Le prehistorique antiquite de l'homme*. Bibliotheque des Sciences Contemporaines. Reinwald. París.

Moure, A. (1996) *Hugo Obermaier, la institucionalización de las investigaciones y la integración de los estudios de Prehistoria en la Universidad Española*. Moure, A. (Ed.). Madrid.

Navarro, J. M. de (1936) "A survey of research on an Early Phase of celtic culture". *Proceedings of the British Academy*, XXII, pp: 297-341. Londres.

Navarro, J. M. de (1928) "The comming of the Celts". *Cambridge Ancient History*, VII, pp: 41-74. Cambridge.

Nocete, F. (1984a) "Elementos para el estudio del patrón de asentamiento en las campiñas occidentales del Alto Guadalquivir durante la Edad del Cobre". *Arqueología Espacial. Coloquio sobre distribución y relación entre los asentamientos*. Seminario de Arqueología y Etnología Turolense. Teruel.

Nocete, F. (1984b) "Jefaturas y territorio: Una revisión crítica". *Cuadernos de Prehistoria de Granada*, 9, pp: 289-304. Granada.

Obermaier, H. (1932) *El hombre prehistórico y los orígenes de la humanidad*. (1957 Obermaier, García Bellido y Pericot, reedición). Madrid.

Obermaier, H. y Bernhart, J. (1931) *Urgechichte der Menschheit*. Herder & Co. Freiburg.

Ocampo, F. (1578) *Los cinco Libros primeros de la Crónica General de España*. Alcalá de Henares.

Patterson, N. (1994) *Cattle lords and clansmen: the social structure of early Ireland*. University of Notre Dame Press. Notre Dame.

Pare, C. (1991) "Fürtensitze, celts and the mediterranean world: developments in west hallstatt culture in the 6th and 5th centuries bC". *Proceedings of the prehistoric society*, 52 (2): 183-202.

Pauli, C. (1891) "Die veneter und ihre Schiftdenkmaeler". *Altitalische Studien*, III. Leipzig.

Piggott, S. (1958) "Vere Gordon Childe, 1892-1957". *Proceedings of the British Academy*, 44, pp: 305-312. Londres.

Quesada, E. (1910) *La enseñanza de la Historia en las universidades alemanas*. La Plata. Buenos Aires.

Rabal, N. (1888) Una visita a las ruinas de Termancia, *Boletín de la Real Academia de la Historia*, XII, V, pp: 451-470. Madrid.

Ranke, L. Von (1883) *Weltgeschichte*. Dunder & Humboldt. Leipzig.

Ratzel, F. (1896-8) *The History of Mankind*. Trad. A. Butler. McMillan. Londres.

Reinach, S. (1910) *Repertoire de reliefs gauls et romains*. París.

Reinach, S. (1893) *Le mirage oriental*. G. Masson. París.

Reinach, S. (1892) "Le etain celtique". *L'Anthropologie*, 3, pp: 276-281. París.

Reinecke, P. (1911) *Mainzer aufsätze zur chronologie der bronze – und eisenzeit*. Habelt. Bonn.

Reinecke, P (1906-7) "Die originalaltertümer im RGZ Museum in Mainz". *MZ*, 2, pp: 40-69. Mainz.

Reinecke, P (1902) "Zur Kenntnis der Latène-Denkmäler der Zone norwärts der Alpen". *Festschrift zur Feier des fünfzigjähringen Bestehens des RGZ museums zu Mainz*. Mainz.

Renales, J., y V. M. Renero Arribas. 1999. "Celtiberian Studies and Spanish Celtic

Historiography in the Nineteenth Century." *Celtic Connections*, 1999, Vol. 1, pp. 108-125.

Renfrew, C. (1973) *Before civilization: The radiocarbon revolution and prehistoric Europe*. Cape. Londres.

Ripoll, E. (1977) *Pere Bosch-Gimpera. Fundador del Museu d'Arqueología de Barcelona. 1891-1974*. Diputación Provincial de Barcelona. Barcelona.

Rodenwaldt, G. (1933) *Arte Clásico: Grecia y Roma*. Labor. Barcelona.

Rodríguez de Berlanga, M. (1901) "La más antigua necrópolis de Gades y los primitivos civilizadores de la Hispania". *Revista de Archivos, Bibliotecas y Museos*, V, 11, pp: 779-95.

Romero, F., y Misiego, J. C. (1995) "La Celtiberia Ulterior. Análisis del substrato". Burillo, F. (Coord.) *Poblamiento Celtibérico. III Simposio sobre los Celtíberos*, pp: 59-81. Zaragoza.

Romero, F. (1991) *Los castros de la Edad del Hierro en el Norte de la Provincia de Soria*. Valladolid.

Ruíz-Gálvez Priego, M. L. (1997) "En busca del hogar de Breogán". *Celtas y celtíberos. Realidad o leyenda*, pp: 37-51. Unión Cultural Arqueológica. Madrid.

Ruíz-Gálvez Priego, M. L. (1991) "La economía celtibérica." VV.AA. *Los Celtas en la Península Ibérica. Extra Revista de Arqueología*, 5, pp: 72-75. Madrid.

Ruíz-Gálvez Priego, M. L. (1985-86) "El mundo celtibérico visto bajo la óptica de la Arqueología Social." *Kalathos*, 5-6, pp: 71-106. Teruel.

Ruiz, A., y Molinos, M. (1984) "Elementos para un estudio del patrón de asentamiento en las campiñas del Alto Guadalquivir durante el horizonte Pleno-Ibérico. Un caso de sociedad agrícola con Estado". *Arqueología Espacial. Coloquio sobre distribución y relación entre los asentamientos*. Seminario de Arqueología y Etnología Turolense. Teruel.

Ruiz Zapatero, G. (1997) "La noción de celtas y su empleo académico y político". *Celtas y Celtíberos: Realidad o Leyenda*, pp: 17-36. U.C.A. Madrid.

Ruiz Zapatero, G. (1995) "El substrato de la Celtiberia Citerior. El problema de las invasiones". Burillo, F. (Coord.) *Poblamiento Celtibérico. III Simposio sobre los Celtíberos*, pp: 25-40. Zaragoza.

Ruiz Zapatero, G. (1988) "Los celtas en Europa". *Celtíberos*, pp: 19-23. Burillo, F. (Coord.). Diputación Provincial de Zaragoza. Zaragoza.

Ruiz Zapatero, G., y Chapa, T. (1988) "Arqueología de la muerte: perspectivas teórico-metodológicas". *Congreso sobre las Necrópolis Celtibéricas*. Institución Fernando el Católico. Zaragoza-Daroca.

Saavedra, E. (1861) *Excavaciones en el cerro de Garray (Soria)*. Madrid.

Salinas, M. (1988) "Geografía de la Celtiberia según las fuentes literarias griegas y latinas". *Studia Zamorensia*, IX, pp: 107-115. Salamanca.

Salinas, M. (1984) "Notas para el estudio de las organizaciones indígenas de la Península Ibérica". *II Jornadas de metodología y Didáctica de la Historia*, pp: 151-167. Cáceres.

Sandars, H. (1913) *The weapons of the Iberians*. Real Academia de la Historia. Madrid.

Sandars, H. (1914) "False Iberian weapons". *Proceedings of the Society of Antiquaires of London*. Londres.

Sanderson, S. K. (1992) *Social Evolutionism: a critical history*. Mass: Blackwells. Cambridge.

Schmidt, H. (1933) "Die Fürstengräber von Klein Glein in Steiermark", *Praehistorische Zeitschrift*, 24, pp: 219-282. Berlin.

Siret, L. (1913) *Questions de Chronologie et d'Ethnographie Iberiques*. París.

Siret, L. (1893) *L'Espagne prehistorique*. Bruselas.

Siret, L. (1887) *Les premiers Ages du Metal dans le Sud – Est de l'Espagne*. Amberes/ Barcelona.

Spencer, W. B. (1901) *Guide to the Australian Ethnographical Collection in the National Museum of Victoria*. Goverment Printer. Melbourne.

Spencer, W. B. & Gillen, F. J. (1899) *The native tribes of Central Australia*. McMillan. Londres.

Schulten, A. (1953) *Cincuenta y cinco años de investigación en España*. Asociación de Estudios Reusenses. Tarragona.

Schulten, A. (1945) *Historia de Numancia* (trad. Luis Pericot). Barcelona.

Schulten, A. (1943) *Los cántabros y astures y su guerra contra Roma*. Espasa-Calpe. Madrid.

Schulten, A. (1933) *Geschichte von Numantia*. Munich.

Schulten, A. (1922) *Ora Marítima de Avieno y demás testimonios anteriores al año 500 a.c.* Fontes Hispaniae Antiquae, vol. I. Barcelona.

Schulten, A. (1920) *Hispania (Geografía, Etnología, Historia)*. Barcelona.

Schulten, A. (1914) *Numantia. Die Ergebnisse der Ausgrabungen 1905-1912. Die Keltiberer und ihre Kriege mit Rom*, vol. I. Munich.

Sentenach, N. (1914) Los Arévacos, *Revista de Archivos, Bibliotecas y Museos* XXX, pp: 291-312.

Sentenach, N. (1920) *Excavaciones en Nertóbriga*. Junta Superior de Excavaciones y Antigüedades, 17. Madrid.

Steuer, H. (2001) *Eine hervorragend nationale Wissenschaft. Deutsche Prähistoriker zwischen 1900 und 1995*. Walter de Gruyter. Berlin.

Stocking, G. W. (1987) *Victorian Anthropology*. Free Press. Nueva York.

Taracena, B. (1951) "El problema de los ligures en España". *Revista di Studi Liguri*, 2, pp: 84-88.

Taracena, B. (1941) *Carta Arqueológica de España. Soria*. Madrid.

Taracena, B. (1924) *La cerámica ibérica de Numancia*. Madrid.

Thierry, A. (1828) *Histoire des gaulois*. Didier et Cie. París.

Trigger, B. (1980) *Gordon Childe: Revolutions in Archaeology*. Thames & Hudson. Londres.

Trigger, B. (1984) "Alternative Archaeologies: nationalist, colonialist, imperialist." *Mann*, 19, pp: 355-370.

Trigger, B. (1992) *Historia del pensamiento arqueológico*. Crítica. Barcelona.

Tylor, E. B. (1871) *Primitive culture*. Murray. Londres.

Vázquez, J.M y Risch, R. (1991) "Theory in Spanish archaeology since 1960. *Archaeological Theory in Europe: the Last Three Decades*, pp: 25-51. London, Routledge.

Vicent, J. (1985) "Un concepto de metodología: Hacia una definición epistemológica de Prehistoria y Arqueología". *II Jornadas de Metodología y Didáctica de la Historia, Prehistoria y Arqueología*, 55-72. Cáceres.

Vicent, J. (1984) "Fundamentos para una investigación epistemológica sobre la Prehistoria". *Primeras Jornadas de Metodología de Investigación Prehistórica*, 71-84. Soria.

Vicent, J. (1982) "Tendencias metodológicas en Prehistoria". *Trabajos de Prehistoria*, 39, pp: 9-54. Madrid.

Villar, F. (1991) *Los Indoeuropeos y los orígenes de Europa. Lenguaje e Historia*. Grados. Madrid.

Virchow, R. (1870) *Slavic burgwall*. Heidelberg.

VV. AA. (1925) *Guide to Early Iron Age antiquities*. British Museum. Londres.

Woorsae, J.J.A. (1849) *The Primeval Antiquities of Denmark*. W.J. Parker (traducción). Londres.

Wulff Alonso, F. (1994a) "La Historia de España de D. Modesto Lafuente (1850-67) y la Historia Antigua", en Sáez, P. & Ordóñez, S. (eds.), *Homenaje al Profesor Presedo*, pp: 863-871. Sevilla.

Wulff Alonso, F. (1994b) "La Historia Antigua en el ocaso del mundo ilustrado. Notas sobre el Discurso sobre el modo de escribir y mejorar la Historia de España de J.P. Forner", en *Actas del III Congreso Peninsular de Historia Antigua*, pp: 324-333. Vitoria.